Jacques Salomé

Sprich mit mir

*Ein Buch hat immer zwei Autoren:
Den, der es schreibt,
und den, der es liest.*

Jacques Salomé

Sprich mit mir

So erhalten Sie Nähe und
Verbundenheit ein Leben lang

Aus dem Französischen
übersetzt von Michael Larrass

Die Deutsche Bibliothek – CIP-Einheitsaufnahme

Jacques Salomé
Sprich mit mir : So erhalten Sie Nähe und Verbundenheit
ein Leben lang / Jacques Salomé. Aus dem Franz. übers. von
Michael Larrass. – Landsberg ; München : mvg 2002
   (mvg-Paperbacks ; 08831)
   Einheitssacht.: Parle-moi ... j'ai des choses à te dire <dt.>
   ISBN 3-478-08831-3

Mein Dank geht an Sylvia Galland für alles,
was dieses Buch ihr verdankt,
und für vieles mehr.

Copyright © 1982, 1995, les Éditions de l'Homme, une division du groupe Sogides. Tous droits réservés.

Titel der französischen Originalausgabe: „Parle moi ... j'ai des choses à te dire". Aus dem Französischen übersetzt von Michael Larrass.

© 2002 bei mvg im verlag moderne industrie AG & Co. KG, Landsberg - München

Alle Rechte, insbesondere das Recht der Vervielfältigung und Verbreitung sowie der Übersetzung, vorbehalten. Kein Teil des Werkes darf in irgendeiner Form (durch Fotokopie, Mikrofilm oder ein anderes Verfahren) ohne schriftliche Genehmigung des Verlages reproduziert oder unter Verwendung elektronischer Systeme gespeichert, verarbeitet, vervielfältigt oder verbreitet werden.

Umschlaggestaltung: Vierthaler & Braun
Satz: mi/FTL Kinateder, Kaufbeuren
Druck- und Bindearbeiten: Ebner, Ulm
Printed in Germany 08831/102402
ISBN 3-478-08831-3

Inhaltsverzeichnis

Vorwort   9

Einleitung   11

1. *Die Begegnung*   13
   Unsere Vorstellbilder   13
   Die Entscheidungen in einer Paarbeziehung
   und die Konflikte, die sich daraus ergeben   20
   Einige der Missverständnisse,
   die die spätere Beziehung des Paares prägen   26

2. *Das Leben als Paar*   33
   Die Partnerschaftsbeziehung   36
   Das tägliche Zusammenleben   39
   Die nonverbale Kommunikation   45
   Das „zwischen den Worten" Gesagte   49
   Ehe „nach Maß"   52

3. *Faktoren, die zur Entfremdung
   zwischen Partnern führen*   63
   Der innere Dialog   63
   Wenn der Dialog verarmt   67
   Projektion und Heraufbeschwörung von Gefühlen   69
   Das Gefühl der Erniedrigung   73
   Unklarheiten bei „uns" und „ich + ich"   76
   Wenn der Dialog unmöglich wird: nicht zuhören   79
   Die verschiedenen Arten, zu fragen und zu bitten   85
   Die verschobene Kommunikation
   (verstellte Bitten und Antworten)   94
   Wenn Erwartungshaltungen und Gefühle
   verschieden sind   97

Blindheit, Taubheit und Voreingenommenheit ____ 101
Der Groll ____ 105
Indirekte Aggressivität ____ 111
„Unmögliche Botschaften" ____ 114
Die Bedeutung der „gegenwärtigen Vergangenheit" 118
Die Pseudoabkommen ____ 123

4. *Die Spiele* ____ 131
Sich gegenseitig ergänzen ____ 132
Gegner spielen ____ 136
Andere Spielvarianten ____ 146
Die Gefühlsbuchhaltung
(die „Familiensparbücher") ____ 153

5. *Kommunikation und Beziehungsdynamik* ____ 161
Welche Vorteile bringt ein „Ungleichgewicht"
in der Beziehung? ____ 167
Gemeinsamkeiten, Austausch und wechselseitige
Überlagerung der Beziehungssymptome ____ 170
Irrationale Rollenzuteilung ____ 172

6. *Die Kenntnis des anderen, die Veränderung* ____ 177
Die Kenntnis des anderen ____ 178
Kinder, Faktoren der Veränderung ____ 182

7. *Eine mögliche Entwicklung*
in der Dynamik des Paares ____ 185
Wie sich die Liebesdynamik eines Paares
entwickeln kann ____ 185
Die schöpferische Beziehung ____ 189
Verbesserungen in der Kommunikation ____ 196

8. *Lichtblicke für den weiteren Weg* ____ 201
Entfaltung der Gemeinsamkeit ____ 201
Entfaltung des Bewusstseins ____ 204
Entfaltung der Spontaneität ____ 206

Wie man Raum für Verhandlungen schafft _____ 208
Entfaltung einer ökologischen Beziehung _____ 212
Der Verzicht auf die Allgewalt _____ 216

Nachwort _____ 220
Gesang an Elsa _____ 220

Literaturverzeichnis _____ 222

Stichwortverzeichnis _____ 223

> *Es gibt eine Begegnung, wenn es der Wirklichkeit*
> *gelingt, sogar den Traum in den Schatten zu stellen.*

Vorwort

Ich frage mich seit langem, wie sich die Beziehungen eines Paares, die auf einem Lebensprojekt gründen, auf einer gemeinsamen Schöpfung, die sich über die Zeit hinweg durch das Teilen entwickelt, durch das gemeinsame Nutzen eines zeitlich-räumlichen wie auch wirtschaftlichen und emotionalen Bereichs, oft in Beziehungen aus Missverständnissen, Spannungen, Behinderungen, ja von gegenseitiger Entfremdung verwandeln.

Ich habe versucht, einige Mechanismen, einige Vorgänge auszumachen, die, wenn sie einmal vorkommen, nichts Schwerwiegendes oder Dramatisches an sich haben, die jedoch, wenn sie sich wiederholen, um sich greifen, sich aneinander reihen, schließlich bei aller Zärtlichkeit, trotz aller Hoffnung, eine stets erneute Ursache der „Beziehungsverschmutzung" darstellen und die Kommunikation zwischen zwei Menschen zum Erliegen bringen.

> *„Irren ist menschlich, aber wenn der Radiergummi*
> *schneller abgenutzt wird als der Bleistift,*
> *läuft etwas falsch."*
> *J. Jenkins*

„Was sollen mir die Blumen und die
Bäume, das Feuer und der Stein,
Wenn ich ohne Liebe und ohne Heimat bin?

Man muss zu zweit sein – oder leider zumindest
Zu zweit gewesen sein –
Um einen blauen Himmel zu begreifen,
Um eine Morgendämmerung zu benennen."
Gaston Bachelard

„Wenn ich einen Standpunkt, eine Empfindung, ein persönliches Gefühl ausdrücke oder vertrete, so möchte ich das in der Gegenüberstellung vollziehen, in einer Auseinandersetzung, nicht in der Konfrontation oder in Gegnerschaft zu deinem eigenen Standpunkt, deiner Empfindung oder deinem Gefühl. Wenn unsere Wahrnehmungen einander diametral entgegengesetzt sind, so bedeutet das nicht, dass ich dich weniger liebe oder dass ich das, was du empfindest, verneine. Es bedeutet, dass ich anders bin und dass ich dir mit diesem Anders-Sein begegne."
Brief von einer an einen

Einleitung

*„Das ist meine Wunde und es ist auch die eure.
Wir sind die Teile eines zerrissenen Ganzen."*
                                Pierre Haralambon (Sänger)

Ich bin kein Mensch, der viel schreibt, sondern jemand, der gewöhnlich in der Intimität kleiner Gruppen und der persönlichen Gefühle tätig ist.[1]

Ich habe keine spezielle oder außerordentliche Kompetenz oder Kenntnis, was Paare betrifft.

Wie viele andere versuche ich seit nunmehr über zwanzig Jahren, in einer Paarbeziehung zu leben, bisweilen auch zu überleben; in meinem Fall gab es mehrere Anläufe.

Ich versuche hier, einige Beobachtungen, Betrachtungen und Analysen mitzuteilen, die mich interessiert und dazu angeregt haben, meine Hoffnungen und meine Verzweiflungen neu zu überdenken.

Ich habe kein Rezept, keine Technik, die ich vermitteln könnte, ja, ich befürchte sogar, dass es nach dieser Lektüre noch mehr Fragen geben wird.

Ich wünsche lediglich, dass es auf diese Weise zu einem frischen und anregenden Austausch kommen wird, der über die Aggression (Gewalt), den Masochismus (Erniedrigung, Entwürdigung) und die Idealisierung (Übertrumpfung bei den Rollen – Traumtänzerei – Projektionen) hinausführt, jenen drei üblichen Engpässen der Paarbeziehung.

Und ich wünsche, dass dieser Austausch es auch erlaubt, die Resignation und Passivität in Beziehungen hinter sich zu lassen, deren Schmerz, aneinander vorbeigelebt zu haben, das Leben überschattet.

---

[1] Meine Untersuchungen erstrecken sich auch auf Institutionen, und das Paar scheint mir eine wichtige Institution zu sein.

1. Die Begegnung

„Kein Ziel wäre ihnen unerreichbar. Sie würden keinen Groll kennen, keine Bitterkeit, keinen Neid. Denn ihre Mittel und ihre Wünsche wären stets und in allen Dingen im Einklang. Sie würden dieses Gleichgewicht Glück nennen und würden es durch ihre Freiheit, ihre Weisheit, die Feinheit ihres Verhaltens verstehen, dieses Glück zu bewahren, es zu jedem Moment ihres gemeinsamen Lebens zu entdecken."

G. Perec

Unsere Vorstellbilder

> *Man läuft einer Sache nach und findet etwas anderes ...*
> *Man läuft jemandem nach und findet sich selbst.*

Jede Liebesbeziehung wie auch jede Paarbeziehung, die sich manchmal daraus ergibt, beginnt mit einem Missverständnis. Die Begegnung, das ist die Zeit der grenzenlosen Hoffnungen. Das ist die Illusion, dass unser im Grunde unerfüllbares Sehnen nach Ganzheit doch noch erfüllt wird. Und wir sehen die Fata Morgana, dass all unsere Wunden geheilt werden könnten: die durch die Geburt geschaffene Wunde (so dass wir wie der andere und alles für den anderen sein können) und auch die Wunden unserer Kindheit (sodass wir anerkannt, gehört und verstanden werden). Und wir spüren die Hoffnung, diese Heilung für alle Zeiten zu bewahren.

Die Literatur aller Epochen zeigt, dass sich dieser Liebeszustand schlecht mit Dauer verträgt. Dem wird ein Verliebter entgegenhalten: „Ich weiß das, aber ich glaube es nicht." Und viele machen sich daran, den Gegenbeweis anzutreten, indem sie ein Paar bilden.

Die schönen Bilder

Jean begegnet Marie.

Was wissen sie voneinander? Oft das, was sie erwarten. Es ist vor allem die Begegnung zweier Unbewusstheiten, zweier Vergangenheiten und oft zweier gegenseitiger Fehleinschätzungen. Die Begegnung zweier Lebensschwünge, zweier Lebensängste, die Begegnung von Möglichem.

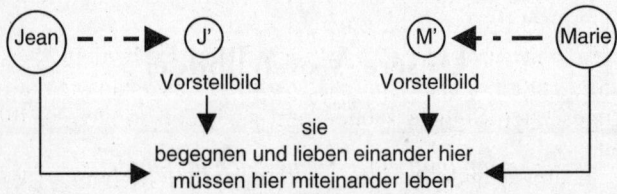

Wie viele Monate, wie viele Jahre brauchen sie, um einer beim anderen hinter diese Vorstellbilder zu blicken (oder sie auch trotz aller Schwierigkeiten aufrechtzuerhalten).

> „Was mache ich mit meiner Freiheit, wenn sie mich in die Rolle der starken Frau einschließt – die ich gar nicht bin."

Das Vorstellbild von Jean besteht unter anderem aus:

- der Fassade von Jean, das heißt dessen, was er von sich zeigen möchte,
- der Projektion des anderen (in diesem Fall Maries).

Dieses Bild wird aufrechterhalten, weil Jean „glaubt", dass Marie bestimmte Dinge von ihm erwartet (beispielsweise

Freundlichkeit, Zuversicht, Selbstsicherheit), was mit der Zeit der Paarbeziehung einen Gefühlszaum anlegt. Keiner von beiden wird sich dem anderen mitteilen oder sich ihm so, wie er ist, öffnen können, aus Angst, er werde die „Zuwendung" des anderen verlieren oder ihn enttäuschen. Er wird darauf aus sein, so zu „erscheinen", wie er glaubt, dass der andere ihn liebt und sich wünscht.

Alles wird so ablaufen, ab ob beide sich verbergen oder eine Rolle spielen müssten, um weiterhin geliebt zu werden.

Die Vorstellbilder bestehen auch aus unseren Ängsten, unseren Weigerungen, unserer Unkenntnis von uns selbst, unseren Selbsttäuschungen, die von älteren Ereignissen herrühren. Für ihn bedeutet das Gefühl, geliebt zu werden, „die Gefahr, die Partnerin leiden zu lassen".

Er wird ihr sagen: „Vor allem liebe mich nicht, binde dich nicht an mich." Und dabei wird er ihr genau die entgegengesetzten Signale senden, um sie mehr an sich zu binden.

In einem anderen Szenario könnte die Meinung, „körperlich zusammen zu sein heißt das Risiko eingehen, verlassen zu werden", durch ein Credo der Mutter unterstützt werden, die sagte: „Die wollen nur das Eine, und kaum haben sie es, lassen sie dich im Stich." Daher: „Was mich bei ihm verführt hat, ist, dass er nicht gleich versucht hat, mit mir zu schlafen; ich habe gespürt, dass er mich wegen etwas anderem begehrte." Was aber wird er mit seinem Verlangen nach ihr anfangen?

Die Überwindung der ersten Enttäuschungen – der andere ist nicht so, wie wir es uns vorgestellt, erträumt oder konstruiert haben – ist eine undankbare Aufgabe.

„Ich habe mich oft in die Enge getrieben gefühlt bei dem Versuch, dem anderen gefällig zu sein, mir nirgends eine Blöße zu geben. Oh ja, das tat weh, wenn ich das Gefühl hatte, weder gut zu sein noch geschätzt zu werden; das war ein Schlag für meine Allgewalt! Und dann entdeckte ich sehr, sehr langsam, dass man jemanden lieben kann, auch wenn er Fehler hat. Und dass man diese Fehler, diese Schwächen auch lieben kann ..."

> „Ich bin nicht heftig; ich versuche, dieses Bild, das man mir aufgezwungen hat, loszuwerden. Aber wenn ich lieb bin, habe ich Angst, dass man mich ausnutzt ..."
>
> „Ich schlage mich verzweifelt mit den Bildern herum, die einem als Mann zur Verfügung gestellt werden. Was für ein Mann ich bin und werden kann, werde ich jedoch erst entdecken, wenn ich Frauen begegne, die auch Frauen sind."

Wenn Marie versucht, dem Bild zu entsprechen, das Jean sich ganz zu Anfang von ihr gemacht hat, so auch deswegen, weil sie sich selbst gerne gefallen möchte, indem sie beispielsweise Aspekte ihrer selbst verneint oder verbirgt, die sie als schwach oder entwertend empfindet.

> „Ich möchte, dass du mich so siehst, wie ich gerne wäre, und nicht so, wie ich bin. Wenn ich mich mit deinem beschönigenden Blick betrachte, fühle ich mich in Sicherheit, und es gelingt mir, mich selbst zu täuschen."

Sie haben während der Zeit der Begegnung auf Wolken geschwebt, auf herrlichen Wolken. Und sie werden ein Leben lang (vergeblich) versuchen, das wieder zu finden. Manche Paare befinden sich unablässig im Zustand der Erwartung, den unsäglichen Moment des ersten Blicks noch einmal zu erleben.

Das Spiel der „schönen Bilder" lässt sich ein ganzes Leben lang aufrechterhalten, birgt jedoch die Gefahr in sich, jeden in seinem Wunsch nach Echtheit zu frustrieren, und verhindert die wirkliche Nähe, die sich aus dem Eingeständnis der eigenen Verletzlichkeit und dem Wunsch ergibt, dem Moment entsprechend zu empfinden.

„Ich hatte solch ein Bedürfnis, von ihm geliebt zu werden, dass ich ihm das geschenkt habe, was mir das Wesentlichste war – mein Leben."

Die Liebesideologie und der Zustand der beginnenden Liebe

> *Wenn die Worte herauskommen,*
> *um endlich Sprache zu werden ...*

Zu allen schönen Bilderspielereien gibt es obendrein das andere Missverständnis, das mit den Fallstricken der Liebesideologie zu tun hat, die tief in unserer Kultur verwurzelt ist und dort gepflegt und gefördert wird.

Alle Spielarten des Verliebtseins werden als mögliche Befriedigung von bestimmten Wünschen und Bedürfnissen dargestellt, die entweder als wesentlich oder als berechtigt angesehen werden.

Hier entsteht eine doppelte Bewegung: Wir erwarten, dass der andere unsere Bedürfnisse als berechtigt anerkennt, zugesteht, und die meisten davon befriedigt. Wir wiederum sind dann bereit, auch umgekehrt gut zu sein. Das alles in positiver Stimmung, erbaulich für beide Parteien.

Dieses Schema betrachten wir als unsere kulturell bedingte Lebensweise, aber sie entspricht nicht immer der Dynamik des Einzelnen beziehungsweise einzelner Paare.

Für manche besteht die Schwierigkeit weniger darin, jemanden zu finden, der in positiver Weise auf eine Erwartung eingeht und sie erfüllt, sondern im Gegenteil jemanden zu finden, der negativ reagiert. Er wird genau wegen einer Seite seiner selbst anziehend sein, die verletzen muss. Der andere wird geliebt, ausgewählt, um das eigene schlechte Selbstbild zu lindern, indem er es auslebt. Wenn also jemand mehr oder weniger undeutlich in sich selbst einen Makel, eine dunkle Seite, einen unerwünschten Aspekt wahrnimmt, so wird er sich erleichtert fühlen, einen anderen zu finden, der diese Schwäche in noch sichtbarerer Weise besitzt. Er kann dann in aller Muße (während der Dauer der

Beziehung) versuchen, diesen Aspekt sowohl zu fördern als ihn auch zu be- bzw. verurteilen.

In dieser Dynamik wird der eine beim anderen deutlich ausgelebt das zur Verfügung haben, was ihm bei sich selbst unerträglich erscheint.

Jegliches Gleichgewicht der Kräfte bei einem solchen Paar wird auf der Kritik dieses Verhaltens und der Festschreibung des Status quo gründen.

Wenn der andere sich verändert, wird die Situation unerträglich – die Projektion wird schwieriger und die eigene Schwäche wird wieder sichtbar.

Häufig ergibt sich die Bestätigung dieser Beziehungsdynamik aus dem offenkundigen Interesse und Genuss, mit dem viele von peinlichen und uneingestandenen Dingen sprechen ... natürlich nur bei anderen.

Bei manchen Trennungen beobachtet man einen Entladungsmechanismus in Form von Depression oder Handgreiflichkeiten bei demjenigen Partner, der die Trennung herbeigeführt hat, denn nun, da der andere fort ist, steht er wieder seinem eigenen negativen Bild gegenüber ... es sei denn, er stürzt sich gleich in die nächste Beziehung.

Wir sehen also, dass man bei der Liebeswahl, die (oft) zu einer Paarbeziehung führt, vom Partner erwarten könnte, dass er:

- etwas von uns selbst darstellt (was man war, was man gerne sein möchte, was man nicht hat ...),
- etwas wie ein Kehrbild darstellt – den Teil des eigenen Wesens, den man gerade verdrängen will. „Sei der, der ich nicht sein will und den ich dann verneinen, verurteilen, angreifen oder bemitleiden kann."

Das ist bei manchen Paaren ein höchst solider Zement. Paare, die auseinander gehen, bleiben oft „gepolt", und manche, die zusammenbleiben, sind „magnetisiert".

Überzeugungen und persönliche Mythen

Ein weiteres sehr häufiges Missverständnis beim Entstehen eines Paares – bei der Entscheidung, zusammenzuleben – ist die selten ausgedrückte und niemals erfüllte Hoffnung, regressive Wünsche erfüllt zu bekommen. Das Verlangen nach Verschmelzung und danach, den anderen für sich zu haben, wie um den uralten Geschmack des verlorenen Paradieses der Ursymbiose wiederzufinden.

Alles für den anderen zu sein und selbst im anderen alles zu finden – und besonders das Verlangen, dass er alles versteht, uns alle Wünsche von den Lippen abliest: „Wenn er mich wirklich liebt, muss er spüren, was mir gut tut."

Wir kennen ihn, wir haben ihn alle gehabt, den großen Traum der westlichen Ehe – die große auf die Paarbeziehung gesetzte Hoffnung des wiedergefundenen Paradieses, auf das wir ebenso ein Anrecht haben (auch ohne es ausdrücklich einklagen zu müssen) wie auf die bedingungslose Fürsorge der Mutter (garantiert durch die Liebe des anderen) und auf die immer bereite Zuneigung, auf uneigennützige Liebe und unerschütterliches, nie versiegendes Verständnis, auf Unterstützung und Sicherheit.

Mit einem Wort: das uneingeschränkte Anrecht auf alles, was uns im Elternhaus gefehlt hat, sei es, weil wir es nicht erhalten haben oder weil wir nicht verstanden haben, es zu erlangen.

Dieser Zustand soll uns erfüllen, uns verwandeln. Wir fallen dem anderen mit diesen ganzen Erwartungen „ins Haus". Und der andere wird als „Lebensklempner" um so begehrter und gefürchteter sein, je größer unser Mangel ist.

Die imaginäre Abhängigkeit beginnt (und dauert fort). Und das klappt auch – denn wir haben viel zu bieten, um Liebe zu zeigen oder zu verlangen.

Die imaginäre Abhängigkeit wird später von der Angst vor dem Verlust der eigenen Identität bekämpft beziehungsweise von der Entdeckung, dass man sie bereits zu einem mehr oder weniger großen Teil verloren hat.

Was sich in der Nähe zum anderen, in der Vertrautheit eines „Wir" entwickelt hat, das wir vor Freunden, Verwandten und der übrigen Welt zur Schau stellen, wird allzu bedrohlich für die Identität jedes Partners. Manche Partner behelfen sich nun mit einer Ersatzvertrautheit: Arbeit, Sport, politische Aktivitäten oder auch die Rückkehr in die Abhängigkeit von einem Elternteil.

Die imaginäre (und doch sehr reale) Abhängigkeit entwickelt sich schließlich zu einem Gefühl des Misstrauens. Wie können wir überhaupt nur jemandem zugehörig sein, mit dem wir ständig im Clinch liegen, um festzustellen, wer der Stärkere ist?

> *Der Weg der Liebe ist nicht unbedingt der Weg des Glücks. Er beinhaltet, dass man die Liebe und die ihr innewohnenden Risiken bejaht, wie etwa das Leiden unter der wahnhaften Trauer, dass der andere von uns verschieden ist, dass er von einem Mangel betroffen ist, der uns den eigenen vor Augen führt.*

Die Entscheidungen in einer Paarbeziehung und die Konflikte, die sich daraus ergeben

> *„Ich musste verstehen lernen, dass die Paarbeziehung, die ich mir seit mehr als zwanzig Jahren von Jean-François ersehnt hatte, nicht dieselbe war, die ich selbst mit ihm eingehen wollte."*
> Marie Cardinal

Die Liebeswahl hängt von ganz bestimmten bewussten Wünschen ab, aber auch von unbewussten Impulsen: Der Partner wird auch danach ausgewählt, dass er Defensivmechanismen unterstützt und auf verdrängte Impulse eingeht. Die Wahl kann sich ebenso am elterlichen Vorbild orientieren wie auch am narzisstischen Bedürfnis, im anderen einen Teil von uns selbst verwirklicht zu sehen.

Bei der Liebe auf den ersten Blick geschieht alles so, als ob jeder für den anderen lebensnotwendig und unersetzlich würde. Die Gründe werden erst später gesucht, um die Wahl zu rechtfertigen.

Bei der Partnerwahl spielen bestimmte Affinitäten eine Rolle, die sich nach den Wünschen oder Widerständen richten – den bewussten wie den unbewussten.

Mancher, wenn er sich selbst als schutzbedürftig wahrnimmt, wird beispielsweise einen Partner wählen, der ihm als „Vertrauen einflößend" erscheint. Die Schutzbedürftigkeit beziehungsweise die Suche nach Bestätigung hängt mit dem Bild der Eltern zusammen. Die Liebeswahl fasst in einem neuen „Ganzheitsobjekt" alle oder doch einen Großteil der verschiedenen in der Vergangenheit zu „Teilobjekten" unterhaltenen Beziehungen zusammen, vor allem die zu den Eltern als den ersten Bezugspersonen.

Jeder wird daher aufgrund seiner Wünsche und seiner Ängste suchen und finden.

Es gibt die persönlichen Mythen, die eine Beziehung gestalten. Es handelt sich dabei um regelrechte Axiome wie beispielsweise: Die Liebe ist gefährlich, sie endet immer mit Tränen. Viele Männer und Frauen gehen Beziehungen von dieser Ausgangsposition aus ein:

„Von Liebe wird zwischen uns nicht die Rede sein."
„Vor allem verliebe dich nicht in mich."
„Lass' uns alle Gefühle ausklammern."

Oder auch:

„Ich mag keine Frauen, die Sperenzien machen oder gar Feministinnen sind. Du bist nicht so." Oder: „Sei wie ein Mann, und du bleibst meine Frau!" Wenn sie sich dann viel später einmal als Frau akzeptiert, hat sie auch akzeptiert, ihn zu verlieren.

Wenn er also schon immer gegen bestimmte Neigungen ankämpfen musste (was er abstreitet), wird er eine Partnerin suchen, die sein Wunschbild darstellt, das zu erreichen er schwierig findet.

Und ein anderes Mal wird die Wahl so getroffen, dass der andere die Befriedigung nie erfüllter Wünsche erlaubt:

Aus einer starren Familie kommend, hat er den Wunsch, sich auszuleben, und sucht jemandem, der ihm dazu Gelegenheit gibt. Gleichzeitig aber wird er sich dagegen sperren, weil es womöglich zu viel Angst verursacht.

Die Auswahl erfolgt vielleicht nach dem mehr oder weniger eingestandenen Ödipusprinzip. Das heißt, man sucht beispielsweise einen Vater oder eine Mutter oder auch nur bestimmte Vater- oder Muttereigenschaften. Es kann auch ganz andersherum geschehen, dass man nämlich einen allzu toleranten Partner sucht, wenn man Mutter oder Vater als zu starr empfunden hat.

Das alles wird im Verlauf komplexer dynamischer Prozesse wie auch in Verbindung mit tief liegenden narzisstischen Tendenzen erlebt. Das Leben als Paar ist ein bevorzugter Bereich, um archaische und neurotische Neigungen unserer Persönlichkeit auszudrücken. Das heißt nicht, dass der Rahmen des Lebens zu zweit diese Neigungen erzeugt oder verstärkt – es ist manchmal eher das Gegenteil –, sondern dass er deren Ausdruck durch eine ständig erneute Stimulierung begünstigt.

> *„Man heiratet den Menschen, der einem begegnet, wenn man am verletzlichsten ist."*
>
> K. Berwick

In der Anfangsphase des Paares können die Partner eine Kluft aufreißen: Auf der einen Seite gibt es die „Guten" (die Partner selbst), auf der anderen die „Bösen" (die Welt um sie herum; die anderen). Das Paar neigt dann dazu, sich zu isolieren, sich „einzuspinnen" und die eigene Zweisamkeit zu idealisieren. „Sie stehen einander so nah, dass ich mich ihnen nicht nähern kann." In vorkritischen Phasen kann sich das Paar „wiederfinden", sich zusammendrängen und die Anzeichen der Verschiedenheit ausschalten: „Ich habe lange gebraucht, bis ich die Unterschiede zwischen ihr und mir akzeptiert hatte, und noch länger, bis ich aufgab, sie um jeden Preis auszugleichen." Letzteres geschieht vielleicht unter Verdrängung der echten Bedürfnisse beider Partner, ihrer Hoffnungen und ihres Unwohlseins.

„Dass zwischen uns bloß nichts anders wird", ist ein Aufruf zu einer falschen Sicherheit, einer Verneinung der unvermeidlichen und wünschenswerten Entwicklung. Wenn die Krise dann aufbricht (ein inneres Geschehnis oder äußeres Ereignis bringt das Fass zum Überlaufen), erweist sich der Gegenstand der Liebe als enttäuschend. Der eine oder andere mag akzeptieren, die Veränderungen in sich selbst zu entdecken: „Ich bin nicht so, wie du mich siehst", „Ich schätze das, was du für mich für gut hältst, gar nicht", „Meine Bedürfnisse sind absolut nicht unveränderlich", „Ich bin in mehr als einer Hinsicht anders als du denkst."

Die Unzufriedenheit, die sich aus der Entwicklung eines Partners ergeben kann, führt diesem wie auch sich selbst gegenüber oft zu Ausbrüchen und aggressivem Verhalten; narzisstische Verletzungen ziehen bisweilen psychosomatische Reaktionen wie auch Depressionen und mehr oder weniger entwertende Selbstkritik nach sich.

Wenn Marie spürt, dass Jean mit dem, was ihn zuvor erfüllte, nicht mehr zufrieden ist, wenn er nach „anderen Dingen strebt", fühlt sie sich frustriert, entwertet, und kann mit Aggressivität reagieren. Er frustriert sie, also ist er im Unrecht. Gleichzeitig aber macht sie sich Vorwürfe; ihr Selbstbild ist angetastet. Sie ist selbst unerfüllt.

Somatisierung beziehungsweise Depression sind Ausdruck der gegen sie selbst gewandten Aggressivität. Sie gefällt ihm nicht mehr, also gefällt sie sich selbst nicht mehr und hat keinen Wert mehr. Eine Identitätskrise und -suche können die Folge sein.

Während dieser Zeit kann die Kommunikation abnehmen; das Paar überlebt nur gerade noch, oder aber das Schweigen und die Hassausbrüche nehmen zu. Denn es ist schwierig, sich auszusprechen und zu akzeptieren, dass man für den anderen nicht mehr erfüllend beziehungsweise für den erwählten Partner weniger umfassend gegenwärtig ist. Ein Vorgang des „Trauerns" wird in Gang gesetzt, in dessen Verlauf der eine und/oder der andere das vom anderen bestehende Bild „entzaubert". Erlebt wird das als Verlust des geliebten Gegenstands; es geschieht oft in der Einsamkeit, im Leiden und durch Krisen, die die Struktur des Paares mehr oder weniger in Mitleidenschaft ziehen.

„Ich habe lange gebraucht, um mich auf die Suche nach meiner Andersartigkeit zu machen, denn ich war so in der Ähnlichkeit mit dem anderen gefangen", sagte mir eine Frau von achtunddreißig Jahren.

Diese Erfahrungen können Reifungsfaktoren sein. Indem man sich vom anderen differenziert, entdeckt jeder seine Andersartigkeit, seine Chancen einer wirklichen Eigenständigkeit und geringeren Abhängigkeit.

Der Ausgang einer solchen Desillusionierung ist unterschiedlich:

- Manche trennen sich, tun einander weh, tragen tiefe Wunden, Gefühle von Versagen oder unerfüllte Forderungen davon.
- Andere ziehen Nutzen aus der Trennung: Sie definieren sich neu, sagen Ja zu einer anderen, „neuen" Identität; sie decken Schwachstellen und ihnen selbst unvermutete Aspekte auf; sie entdecken neue Ressourcen, Chancen

eines „anderen" Lebens und empfangen auf diese Weise Anregungen.
- Andere halten trotz aller Inkompatibilität an der Paarbeziehung fest. Sie verringern die Kommunikation (Winterschlaf) beziehungsweise sorgen für Befriedigung außerhalb der Paarbeziehung (Ausgleich durch Arbeit, Sport, andere Beziehungen).
- Andere machen mit jeglicher Kommunikation Schluss, ertränken ihre Unzufriedenheit im Alkohol oder gehen in der Hausarbeit und den Kindern auf; verlassen die Kinder dann das Haus, bleiben sie allein zurück und „gehen ein, noch bevor sie sterben". Sie gestehen sich niemals ein, dass ihre Ehe ein Sarg ist oder dass sich zwischen ihnen ein Leben abspielen könnte.
- Wieder andere werden unendliche Variationen zu den folgenden vier Begriffen entwickeln und zusammenstellen:

Ausdruck
    Unterdrückung
        Regression
            Depression

Dies geschieht mithilfe von Verhaltensweisen und Beziehungsspielen von unglaublicher Vielfalt, die aber nur allzu oft krankhafter Art sind.
- Andere nutzen die Krise, um ihre Beziehungen neu zu knüpfen und die Gemeinsamkeit auf eine neue Ebene zu stellen. Jeder der beiden Partner wird sich infrage stellen und insbesondere seine Konflikte mit den verinnerlichten Elternbildern ins Reine bringen. Diese Neugestaltung des Paarlebens wird viel Zeit und Mühe in Anspruch nehmen. Beide werden dank einer Aufweichung ihrer Defensivhaltung in sich selbst die uneingestandenen Wünsche, die wahnhaften Ängste erkennen, die sie auf den anderen projiziert haben.

Neue Kommunikationsformen können mit weniger Angst gefunden und erlebt werden. Es wird beispielsweise möglich sein, sexuelle Tabus oder Fantasien auszudrücken, ohne sich eine Abfuhr einzuhandeln. Bis dahin verbotene oder unbekannte körperliche Beziehungen werden neu zu erfinden sein.

Krisen sind unvermeidbar. Sie sind schwer, wenn sie nicht eingestanden werden; sie können hilfreich sein, wenn sie eine Neugestaltung der Lebens- und Liebesbeziehung herbeiführen ... bis die nächste Krise auftaucht.

Das Leben zu zweit lässt sich, wie im Übrigen jegliche Daseinsweise, als eine Folge von Krisen verstehen, die vom offenen Konflikt bis zur Trennung, von der Konfrontation bis zur Infragestellung reicht – im besten Falle unterbrochen von Stränden des Erfülltseins und Inseln der Kreativität und Begeisterung.

> *Was für eine Liebesvergeudung das manchmal ist, wenn zwar der eine den anderen liebt und von diesem geliebt wird, das Ganze aber in einer Art völligen Unverständnisses abläuft, eines totalen Mangels an Einsicht in die wirklichen Bedürfnisse. Und wenn das dramatisch ist, so deswegen, weil es quasi unvermeidlich ist.*
> *So ist das eben.*

Einige der Missverständnisse, die die spätere Beziehung des Paares prägen

Sie liebt mich,
dessen bin ich mir sicher.
Aber liebt sie mich wirklich?
Bin ich wirklich der ...?

Vor einigen Jahren gab es bei uns in Frankreich eine Sendung im Programm Europe 1, „Un homme, une femme"

(Ein Mann, eine Frau), die von bekannten Ärzten moderiert wurde. Die darin vorgestellten Paare beantworteten die Frage: „Warum haben Sie sich entschlossen, zusammenzuleben beziehungsweise zu heiraten?" einfach mit: „Wir liebten uns; ich liebte ihn, er liebte mich ..."

Die Liebe und die Gefühle, die mit ihr zu tun haben, sind jenseits des Vergnügens, der Vitalität, des Glaubens oder der Sicherheit; sie sind der Ursprung unzähliger „Täuschungsmanöver", „Missverständnisse", ja sogar „pervertierter Beziehungen".

Gefühle und Beziehungsdynamik entwickeln sich oft nach unterschiedlichen, gelegentlich auch gegensätzlichen Mustern.

> „Manchmal, wenn ich bei dir bin, bin ich es.
> Manchmal bin ich es nicht, bin anderswo.
> Wie kannst du es wissen und mich dort lieben,
> wo ich bin?"

Die Wahnvorstellungen sind schrecklich individualistisch; sie kommen selten mit denen des anderen in Berührung.

Die Liebe ist vielschichtig, zweideutig, und die Rede, die sie führt, lässt das nicht immer durchscheinen.[2]

„Ich liebe dich" kann heißen	— „Liebe mich" oder „Ich will von dir geliebt werden",
„Ich bewundere dich; du ziehst mich an"	— „Ich habe Angst, allein zu sein",
„Du tust mir Leid"	— „Ich existiere",
„Ich möchte mich selbst lieben können"	— „Ich brauche dich",
„Ich möchte dich verändern"	— „Du machst mir so Angst, dass ich dich verführen möchte",

---

[2] Lesen Sie dazu die wunderbaren *Fragmente einer Sprache der Liebe* von Roland Barthes, Suhrkamp Verlag

und tausenderlei andere Dinge. Immerhin jedoch ist

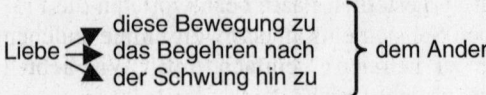

Jetzt bleibt nur herauszufinden WER der andere ist und WARUM er begehrt wird.

In einem sehr schönen Chanson von P. Tisserand heißt es: „Und dieses elende ‚Ich liebe dich' beginnt stets mit Ich ... Wir sollten sagen, ‚Du wirst geliebt'..."

> *Man sagt von einer Pflanze, sie liebe diese oder jene Erde, wenn sie sich darin in Harmonie entfaltet.*

> *„Ich habe so ein Verlangen danach, geschätzt zu werden, mich gut zu fühlen und auch als gut angesehen zu werden, dass ich meine Reaktion auf Verführungskünste, Erwartungshaltungen und Forderungen nur schwer dosieren kann. Wenn es also kaum Gegenliebe gibt, gebe ich zu viel, aus Schuldgefühl, aus Selbstgefälligkeit, und ich stelle dem anderen und mir selbst eine Falle, indem ich ihn glauben lasse, dass ich mehr habe, als ich gebe."*

Für Claude Roy[3] kann „Ich liebe dich" bedeuten:
    Ich möchte mir beweisen, dass ich existiere, indem ich für dich ein heftiges Gefühl ausdrücke.
Oder: Ich möchte dich streicheln, dich berühren, dich küssen.
Oder auch: Ich möchte, dass du mich streichelst, mich berührst.

---
[3] C. Roy: *Le Verbe Aimer*, Gallimard.

Oder auch: Ich möchte mich meines Wertes versichern, indem ich von dir geliebt werde.
Oder auch: Ich möchte von dir unterworfen, vernichtet, gedemütigt werden, um mich von meiner Erschöpfung, ich zu sein, auszuruhen.
Oder auch: Ich will dich erdrücken, demütigen, dir weh tun, um mein Ich anzuheben und mich meiner Macht zu versichern.
Oder auch: Ich brauche einen Partner, einen Kompagnon; ich will einen Handel abschließen: Ich biete dir das, du bringst mir das, abgemacht.
Oder auch: Ich möchte eine Investition machen, und ich investiere in dich einen Batzen Zuneigung, Fürsorge und Geld, der mir Zinsen bringt.
Oder auch: Ich möchte meine Mutter (meinen Vater) wiederfinden, und das ist es, was du für mich sein kannst.
Oder auch: Ich brauche einen Vorwand, um zu schwingen, zu jauchzen, tausend Tode zu sterben, mir tausenderlei Genüsse zu erfinden; du bist der Vorwand dafür (wenn ich dich liebe, geht dich das etwas an?).

„Ich liebe dich" kann außerdem bedeuten:
Ich muss ein Schuldgefühl bewältigen, Minderwertigkeitsgefühle überwinden, und indem ich dich anhimmele, werde ich mich befreien.
Oder auch: Ich wasche nicht gerne das Geschirr und verbringe nicht gerne den Abend allein; du bist da.
Oder auch: Ein Mensch zum Foltern, der mich ebenfalls foltert, ist für mich unverzichtbar; sei mein Partner bei dieser Übung.

Es kann auch bedeuten, dass derjenige, der gesagt hat „Ich liebe dich", den anderen, dem er das sagt, wirklich liebt.
Die Gesichter und Sprachen der Liebe sind ohne Zahl.

Man muss sich auch ins Gedächtnis rufen, dass die Liebe oft mit einem Schweigen beginnt und dass sie versucht, durch Beweise, Deklarationen und Versicherungen zu überdauern. „Was bedeutet es, sich zu verlieben? Es ist der entstehende Zustand einer gemeinsamen Bewegung."[4] Der Mailänder Soziologe Francesco Alberoni hat die Verwirrung aufgedeckt, die wir zwischen dem entstehenden Zustand der Liebe und der Liebe selbst aufrechterhalten wollen. Er zeigt uns in sehr schöner, intensiver Sprache, welchen Fehler der Verliebte begeht, wenn er die außergewöhnliche Erfahrung, die er macht, den Eigenschaften des geliebten anderen zuschreibt. Es ist wohl die Natur der Beziehungen, die zwischen zwei Menschen entstehen, die Natur des einzigartigen Erlebnisses mit dem anderen, die die geliebte Person anders und außergewöhnlich macht und die während dieser Zeit der entstehenden Liebe diese beiden Menschen (sofern sie auf Gegenseitigkeit beruht) anders und außergewöhnlich macht.

Indem sie durch die Erzeugung eines „Wir" das trennt, was vereint war, und das vereint, was getrennt war, wird die entstehende Liebe versuchen, sich im Leben eines Paares zu institutionalisieren. Diese besondere Zeit des entstehenden Zustands wird die Maßeinheit darstellen, die Elle, mit der sich das Paar gelegentlich messen wird, um seine Existenz zu rechtfertigen.

Der entstehende Zustand wird auch einen der Widerspruchspole der Liebe darstellen, der sich später in Gestalt von Missverständnissen auf die Beziehung übertragen wird. Der entstehende Zustand strebt zur Verschmelzung; wir wollen als einzigartiges, außerordentliches, unersetzliches Wesen geliebt werden – nur um unserer selbst willen.

> „Ich will gerade wegen meiner Verschiedenheit von allen anderen geliebt werden, wegen meiner eigenen Besonderheit, weil ich glaube, dass sie für den anderen unverzichtbar ist."

---

[4] Francesco Alberoni: *Le choc amoureux*, Editions Ramsay.

Und gleichzeitig entsteht der Keim eines Kampfes, einer möglichen (anfangs nicht immer begriffenen) Auseinandersetzung, während wir uns andererseits daranmachen, das Bild, das wir von uns haben, zu überdenken, um den Standpunkt des geliebten anderen zu unserem eigenen zu machen (wodurch wir seine Liebe noch mehr zu gewinnen glauben).

„So versucht jeder, dem anderen seine eigene Sicht der Dinge, seine Urteile und Entscheidungen aufzuzwingen, während er gleichzeitig versucht, sich zu verwandeln, um dem anderen zu gefallen."

Alberoni geht nicht so weit, dass er alles beschreibt, was nach der entstehenden Liebe kommt oder wie das prekäre Beziehungsgleichgewicht entsteht und vergeht. Gerade indem es sich institutionalisiert, wird das Paar versuchen, sich zwischen solch widersprüchlichen Bedürfnissen wie einerseits Ruhe und Sicherheit und andererseits Erneuerung und Ekstase, zwischen der Aufrechterhaltung der Idealisierung, der notwendigen Verwunderung und Enttäuschung, zwischen Qual, Befragung, Gewissheiten und Gewohnheiten einen Weg zu bahnen, zu erfinden. Natürlich steckt der Alltag in seinem negativen Pol voller Unverständnis und Frustration, doch hat er in seinem positiven Pol auch Befriedigung und Sicherheit zu bieten. Wenn die Liebesbegegnung auf der Ekstase, dem Erleben des Erfülltseins gründet – das ist der positive Pol –, aber auch auf Selbstzerquälung und Zweifeln – das ist der negative Pol –, wird sich das Paar häufig nach dem folgenden Mythos gestalten: Es wird die positiven Pole – Sicherheit und Ekstase – vereinen und die negativen Pole – Enttäuschung, Unverständnis und Schmerz – verneinen wollen. Dieser Mythos stellt ein starkes Band dar, das wir folgendermaßen definieren können:

„Im Alltag begehrt man das Außergewöhnliche, in außergewöhnlichen Momenten das Alltägliche.
Im Alltag begehrt man die Ekstase, im Außergewöhnlichen die Ruhe."

Diese beiden zusammen nicht zu erfüllenden Begehren stauen sich nun auf und legen den Grundstein für die Mythologie der Märchen: „... und wenn sie nicht gestorben sind, leben sie (glücklich und zufrieden) heute noch."

Als Paar zu leben bedeutet daher, das unerhörte Risiko auf sich zu nehmen, Gefühle zu institutionalisieren, eine Beziehung zu gestalten, Systeme zu entwickeln, mit denen man die Widersprüche überbrückt. Das gelingt nach einer ganzen Reihe von Prüfungen – Prüfungen, die wir uns selbst auferlegen, die der andere sich auferlegt oder die von außen kommen. Das Nichtbestehen oder Umgehen dieser Prüfungen zieht Resignation, Versteinerung oder einen „Winterschlaf" der Beziehungen nach sich – und oft auch das „Entlieben". Stellt man sich dagegen diesen Prüfungen, schließt man sie in die Beziehung ein und besteht man sie, so ergibt sich daraus eine Belebung und Neugestaltung des Paarlebens.

> *Eine Vertrauensbeziehung unter dem Zeichen des Gebens, der Dankbarkeit für den Schwung und die Erfindungen der Zärtlichkeit sorgt für Aufruhr im Alltag der Gewohnheiten.*

2. Das Leben als Paar

*Gegen die echte Einsamkeit,
gegen die unausweichliche Einsamkeit
scheint es in unserer Gesellschaft
kein anderes Mittel zu geben als das Paar.
Doch das ist eine ungenügende Lösung,
allzu oft unvollkommen.
Alles ist noch neu zu erfinden ...*

Das Leben als Paar erfordert in unserer Kultur am Anfang eine solche Investition, dass das oft mit der Chance gleichgesetzt wird, das Glück zu finden – und es „auf Dauer" zu besitzen.

Spricht man nicht nach einer Scheidung oder dem Tod des Partners davon, „das Leben neu zu beginnen", als ob das Leben ohne einen Partner gar keines wäre?

Diese Idealisierung des Lebens zu zweit wird stets eine Quelle von Enttäuschungen bleiben, denn die Wirklichkeit des Lebens in der Zweierbeziehung hat niemals etwas mit den Träumen zu tun, die man vor der Begegnung und unmittelbar danach hat.

> *Das Glück ist ein flüchtiger und doch auch ein dauerhafter Zustand. Flüchtig, wenn wir ihm begegnen (aber wir durchleben ihn manchmal so rasch, dass wir ihn gar nicht wahrnehmen), dauerhaft, denn als Potenzial ist er allgegenwärtig, wie der Sauerstoff in der Luft.*

Märchen mit einem glücklichen Ende nach einer ganzen Reihe von Prüfungen und verschiedenen Initiationen enden mit einer Hochzeit. Was danach kommt, wird verschwiegen, obwohl es sich bisweilen bereits im Verhalten der guten wie der bösen Gestalten des Märchens abzeichnet.

Das Paar wird in quasi geheiligter Form als Quelle von Identität und Glück dargestellt. Das Leben als Paar ist ein Bereich des Erfolgs, des Aufblühens, des Lebenssinns. Es ist der Bereich, in dem Frustrationen gelindert werden, sich auch Ängste auflösen und Ungleichgewichte abgefangen werden. Das Paar erscheint in dieser Hypothese als kompensierende Lösung.

Diese Glückserwartung gründet auf einem Wunschbild der Erfülltheit, nicht aber auf einer Beobachtung des echten Lebens.

Nur wenige Menschen können behaupten, dass das Zusammenleben ihrer Eltern für sie ein Idealbild ist. Manche Paare entstehen im Übrigen ganz von Anfang an unter der Voraussetzung, alles anders als die Eltern zu machen.

Viele versuchen in der Tat, klarer vorzugehen (mit einer bewussten Abschätzung des Risikos), und für sie wird das Leben zu zweit der Versuch sein, einen Weg gemeinsam zu beschreiten, in derselben Richtung voranzugehen, sich in eine Seilschaft zu wagen. Das Brot miteinander zu brechen bedeutet auch, die Freuden und Leiden, die Risiken und das Erreichte zu teilen. Und das alles in der Tagesroutine und auf Dauer.

Das Paar stellt sich anfangs als ein Bereich des Austauschs, geteilter Vertrautheit und des Wachstums dar, als ein Bereich der Sicherheit und der gegenseitigen Befriedigung. Das so erzeugte Bild wird insgesamt von beiden Partnern als zufrieden stellend angesehen. Im Vordergrund steht das Geben; das „Mehr" resultiert aus der Addition der beiden Potenziale: „Ich habe etwas mehr", „Ich bin nicht mehr derselbe".

Die Erwartung richtet sich sowohl auf die Ähnlichkeit – eine „verwandte Seele" finden – wie auch auf den Unterschied – das haben, was man selbst nicht ist: „Ich erwarte von dir das, was ich nicht habe."

Es ist bisweilen das, was der andere auch nicht hat – wenn er sich nicht ganz als Mann fühlt, wenn sie sich nicht ganz als Frau fühlt.

Und jeder geht das Wagnis ein, das Unmögliche zu erwarten, zu erhoffen ...[5]

Diese stillschweigende Erwartung wird der Ursprung unzähliger Frustrationen in der Kommunikation sein: „Du bist nicht so, wie ich dich gesehen habe."

> *Der Zeit der Begegnung folgt rasch die Zeit der Dauer. Nach der Zeit der fliehenden Stunden, des Improvisierens und Erfindens beginnt die Zeit der blinden und grauen Routine. Man sollte die ganze Zeit der Begegnung in der Zeit der Routine wiederfinden.*

Jean fasst das, was er schmerzlich erfahren hat, folgendermaßen zusammen: „Die Frauen sind anders." Marie hat ihn enttäuscht ...

Für mich ist die Paarbeziehung vor allem eine Beziehung von Hoffnungen, die auf gegenseitigen Erwartungen gründen, die erfüllt werden oder auch nicht. Es ist ein Mindestmaß an Zufriedenheit notwendig, um das Paar am LEBEN zu erhalten.

In der Tat hängt das Wachstum des Paares über die Begegnung, das Teilen und das Zusammenlegen, ja über die Existenz hinaus vom Grad der Befriedigung ab, die jeder Partner durch den anderen erfährt. Vor allem aber von der Anerkennung und der Befriedigung dessen, was jeder als seine Grundbedürfnisse erachtet.

---

[5] Das ist das Wunderbare an der Liebe, das Unmögliche zu erhoffen und manchmal zu finden.

Die Partnerschaftsbeziehung

> *„Die Wirklichkeit kann wunderbar sein, auch wenn das Leben es nicht ist."*
> *Liv Ullmann*
>
> *Das Leben kann wunderbar sein, auch wenn die Wirklichkeit es nicht ist.*

Der gemeinsam erlebte Alltag besteht auch aus vielen praktischen Einzelheiten, die sich überschneiden und wiederholen, ganz gleich, ob es sich um ein Paar, eine Gruppe oder ein Arbeitsteam handelt. Die materiellen Aspekte des gemeinsamen Lebens können zu leidenschaftlichen Reaktionen führen.

Frustrationsreaktionen, Wut oder Dankbarkeit sind dann überzogen; sie stehen in keinem Verhältnis zum auslösenden Ereignis.

> „Was in mir ist aufgerührt? Was bringt mich so auf, wenn ich meine Zahncreme, den Klebestift, die Pfanne oder die Schlüssel nicht dort finde, wo ich sie hingelegt habe?"

Was dem äußeren Beobachter in den Beziehungen eines Paares auffällt, ist, dass alles überzogen ist; die Empfindungen gründen eher auf der dem anderen unterstellten Absicht als auf den Tatsachen.

> „Während du mit unseren Freunden sprachst, hast du mir den Rücken zugedreht. Ich habe wohl gemerkt, dass ich für dich Luft war; meine Unterhaltung interessiert dich nicht."

„Ich verstehe nicht (und akzeptiere nicht), dass er niemals darüber spricht, was er außerhalb unserer Beziehung erlebt."

„Ich fühle mich kleinlich, wenn ich Einzelheiten so viel Bedeutung zuschreibe, deren Banalität in einer anderen Situation meine Aufmerksamkeit nicht auf sich lenken würde. Deshalb drücke ich mich oft in indirekter Weise aus – durch Schweigen, Mimik, Gesten der Gereiztheit, Anspielungen, Kürzel, die der andere nicht immer versteht. Es gibt auch die oft enttäuschte und immer wieder neu entstehende Hoffnung, dass der andere mich versteht, ohne dass ich etwas sagen müsste: ‚Wenn er mich wirklich liebte, müsste er das verstehen ...‘"

> *„Wenn ich nicht ich selbst bin, wer wird es an meiner Stelle sein?*
> *Und wenn ich nicht für mich selbst lebe, wer wird für mich leben?"*
>
> *Hillel*

Diese Hoffnung, wie auch die Furcht, kleinlich zu sein, führt gelegentlich zu einem Dialog von Tauben (Meine Großmutter sagte immer, es gäbe keinen schlimmeren Tauben als den, der hört.)

Jean: Ich will die Soundsos nicht einladen; es ist bei uns zu schäbig.
Marie: Aber das ist doch egal. Wenn wir sie einladen, dann doch nicht, damit sie unsere Einrichtung bewundern.

Wenn sie nicht nur Anspielungen gemacht hätten, hätten sie sich vielleicht verstanden.

Er hätte sagen können:

„Ich würde es gerne sehen, dass es dir ein Anliegen ist, unser Heim schöner zu gestalten. Ich habe meinen Wunsch, ein schönes Haus zu haben, deinem Wunsch nach einer Arbeit und gesellschaftlichen Kontakten geopfert ..." oder „Meine Mutter, ja die konnte kochen, Blumenschmuck aufstellen und den Tisch schön decken!"

Sie hätte sagen können:
„Ich habe meinen Wunsch, ein schönes Haus zu haben, aufgeben müssen, weil du diese Firma gegründet hast, die zwar dein Steckenpferd ist, aber nichts abwirft. Ich muss arbeiten, habe wenig Zeit, und ich schaffe es nicht, eine Wohnung wohnlich zu machen, die du unbedingt in eine Druckerei und ein Lager verwandeln willst."

Sie sagen das aber nicht, und die Familie Soundso wird auch nicht eingeladen, und fünfzehn Jahre später stellen sie fest, sie hätten ihr gegenseitiges Zuhören pflegen und ihre Wünsche besser verhandeln sollen.

Die Absichten des anderen zu verstehen setzt voraus, dass man laufend daran arbeitet, alle Gefühle sofort an Ort und Stelle zu klären, wobei die Zweideutigkeit, das Unterschwellige, der Groll eine erhebliche Bremswirkung haben werden.
Und das umso mehr, als sich keiner über sich selbst, seine Motive und seine unterbewusste Dynamik im Klaren ist.
Der ständige echte Dialog[6] wird im Licht der Vorfälle des Alltags eine Quelle von neuen Erkenntnissen über sich selbst und über den anderen sein.

---

[6] Wir verstehen unter einem echten Dialog einen Austausch, der dazu geeignet ist, das Imaginäre, das Symbolhafte und die hinterfragte Realität mit den in der jeweiligen Kultur üblichen Zeichen einzubeziehen.

> *„Dadurch, dass ich ihm nicht weh tun wollte, habe ich ihm viel Unrecht getan."*
> *Es scheint nicht möglich zu sein, dem anderen das Leiden zu ersparen, das sich in jeder Liebesbeziehung ergibt. Das zu erreichende Gleichgewicht besteht darin, es nicht zu fördern, es nicht zu nähren.*

Das tägliche Zusammenleben

> *Lasse den anderen nicht zu teuer für die Liebe bezahlen, die du ihm gibst.*

Zusammenzuleben heißt, Verwandtes zu erleben und zu bestätigen. Es heißt, darin das Neue zu entdecken. Es heißt, ein Gebiet aus Zeit und Raum zu teilen.

Wenn es Kinder gibt, verstärkt das die Notwendigkeit eines gemeinsamen Bereichs, einer gemeinsamen Verantwortung.[7]

Die Haushaltsaufgaben nehmen einen wichtigen Raum ein, denn sie werden das Symbol einer Rolle und eines Status'. Schon während der ersten Wochen des Zusammenlebens kommt es zur Festlegung von Gewohnheiten und Verantwortungen im Haushalt. Die sozialen Traditionen ordnen einen Bereich der Frau zu; hilft ihr der Partner, fühlt er sich großzügig. In dieser Hinsicht tappt der Mann gerne voll in die Falle: Er „hilft", er „nimmt teil", doch er beteiligt sich nicht so, wie es zahlreiche Frauen wünschen.

---

[7] Auch hier ist es angebracht, die Verwirrung zwischen „zusammen" und „gemeinsam" zu vermeiden, die beide ganz verschieden sind. Er kann dabei helfen, die Wäsche aufzuhängen, den Tisch zu decken, eine Mahlzeit zuzubereiten (zusammen). Er kann aber auch die Wäsche oder das Kochen als seine Aufgabe übernehmen, während sie etwas anderes tut (gemeinsam).

Wenn die Rollen von Mann und Frau dagegen flexibler und austauschbarer werden, rücken die täglichen Aufgaben in den Hintergrund. Sie sind dann von der enormen emotionalen Bürde befreit, die diesen Bereich oft zu einem Schlachtfeld macht.

Die berufstätige Frau fühlt sich oft dunkel schuldig, dass sie ihre Rolle nicht ebenso gut erfüllt wie andere Frauen, die sich ganz dem Haushalt verschrieben haben. „Mir fällt trotz allem die Hausarbeit zu, denn ich habe ja beschlossen zu arbeiten, ohne dass ich das zu tun brauchte. Mein Mann hat das akzeptiert, aber es darf ihn nicht belasten. Es kommt nicht infrage, dass er etwa das Geschirr wäscht. Er hat so viel anderes zu tun."

Jeder Partner hat jedoch auch ein Bedürfnis nach einem Ort, der nur ihm allein gehört. Das kann beispielsweise ein tatsächlicher Ort sein (ein Zimmer, eine Werkstatt) oder auch nur ein Tisch, ein Schrank, eine Schublade, die nur für ihn und sonst niemanden da ist.

Nötig ist auch:

- ein geistiger Freiraum, auf den die Erwartungen des anderen keinen Einfluss haben,
- Freundschaften, die nicht unbedingt beide Partner einschließen,
- eigene Hobbys und Interessen,
- Zeit für sich selbst – ohne dafür Rechenschaft ablegen zu müssen.

Nur allzu oft herrscht Verwirrung und Verwischung zwischen Eigenem und Gemeinsamem:

„Was dein ist, ist mein."
„Alles was ich ertrage, musst du auch ertragen."
„Weil ich beschmutzt, enttäuscht, hängen gelassen worden bin, muss es dir genauso ergehen."
„Ich kann am Wochenende nicht mit zum Zelten kommen, weil sie nicht gerne im Zelt schläft."

Was die reservierte Zeit betrifft, wird der eine sagen:

„Ich brauche Zeit für mich selbst."
„Ich muss mal allein sein."
„Ich muss einmal machen können, was ich will."

Das kann dann wiederum als Ausgrenzung und Absonderung des anderen empfunden werden.

Die gemeinsame Zeit wird nicht als etwas angesehen, das man gerne miteinander verbringt, sondern als Pflichtzeit, die man dem anderen „schuldet":

„Ich habe einen Anspruch darauf",
„Ich bin deine Frau/dein Mann",
„Wozu leben wir zusammen, wenn ..."

Wie viele Sonntage werden ein Desaster, wenn sie mit der Frage beginnen: „Na, was machen wir heute?"

Versuche, den anderen zu überrumpeln und gleichzuschalten, gibt es in den meisten Bereichen des Alltags.

- Ernährung[8]
- gegebenes, erhaltenes, geschuldetes Geld
- Post
- Gefühle
- Gegenstände
- Geschmack und Interessen
- Sexualität (selbstverständlich)
- Kinder[9]

---

[8] Eines Tages hat ihm einmal Hase mit Pflaumenkompott geschmeckt... und jahrelang danach wird er den Hasen als den Inbegriff eines Genusses ansehen, den er seit langem nicht mehr gehabt hat.

[9] In seinem Buch *Les thérapies de couple* schreibt Dr. Jean Lemoine: „Da, wo sich in der Wechselbeziehung der beiden Eltern durch das Leiden des Paares wie aus einer schlecht verheilten Wunde der Krankheitskeim einer Unzufriedenheit auf das Kind überträgt, welches das Objekt der frustrierten Wünsche der (Ehe)Partner ist ..."

> *„Wenn jemand von seinem Privatleben spricht,*
> *bin ich immer versucht zu fragen: ‚Wessen*
> *Privatleben?'"*
>
> L. Schorderet

Den Alltag leben heißt, das Wagnis auf sich zu nehmen, dass sich in einem Klima stillschweigenden Einvernehmens Rituale einnisten. Nehmen Sie die folgenden Beispiele:

Das Zu-Bett-gehen

Ich lade Sie ein, sich in dieser Situation selbst zu „sehen". Welche Handlungen, welche Gesten, welche Worte wiederholen sich, strukturieren in dieser Weise den Moment mit der Gefahr, ihn jeder Spontaneität, jedes Zaubers zu berauben...?

Wer belegt das Bad?
Wer steigt als Erster ins Bett?
Wer macht das Licht aus?
Wer schläft links, wer rechts?
Wer ergreift die Initiative, und in welcher Weise?

Das Zu-Bett-gehen, das der langen Reise der Nacht vorangeht – immerhin fast ein Drittel unserer Lebenszeit –, hat seine Körpersprache: Annäherung, Rückzug, Rhythmen, Gerüche, Träume, Wärme ...

Das Zu-Bett-Gehen ist für viele der Vorspann zur Zeremonie und den Annäherungen des Liebesspiels ...

Das Aufstehen

Welche Gesten, welches Mienenspiel (ein bitter verzogener Mund oder ein Lächeln, ein trüber und leerer oder ein lebhaft sprühender Blick, der auf Ihnen ruht ...); welche Worte werden gesprochen? Ja, die Bedeutung der ersten Worte beim Aufstehen! Wie ein Aufschwung, ein Sprungbrett in das Erlebnis des Tages!

Versuchen Sie sich vorzustellen, wie der Tag nach dem folgenden Gespräch aussehen wird:

> „Du hast noch nicht den Braten aus dem Kühlschrank geholt; er wird niemals bis Mittag fertig sein!" oder „Ich weiß nicht, was ich heute Morgen schon wieder habe; ich bin ganz verstopft."

> *„Ich habe mein Anrecht auf das Dasein gegen seine Zustimmung dazu ausgetauscht, habe mich selbst verneint, um Ja zu ihm zu sagen, wo doch alles in mir voller Wut Nein schrie."*

Ankunft/Rückkehr nach Hause

Der Empfang ist die Hingabe, die Öffnung, die Einladung zu sein. Mit welchen Worten, welcher Haltung begrüßen wir einander?

> „Ich bin ausgebrannt; ich kann nicht mehr."
> „Jetzt erst kommst du nach Hause?!"
> „Weißt du, was der Kleine heute Morgen noch angestellt hat?!"

Wie viele verkorkste Feierabende sind die Folge einer Nicht-Begrüßung, eines Nicht-Willkommens?

Die Mahlzeiten

Sind die Mahlzeiten und ihre Zubereitung:

- Momente der Energieaufladung, der Kreativität?
- Momente der Kommunikation?
- ein Bereich für Gespräche?
oder:
- ein Niemandsland?
- ein Stellungskrieg?
- eine Wiederkäuersitzung?

> *„Wer wird eines Tages über die Beziehungsanorexie der ‚ehelichen Sitzungen am Hungertuch' schreiben?"*

Im Restaurant erkennt man heutzutage ein „Routine-Paar" leicht am fehlenden Tischgespräch ... es wird gegessen. Es fällt nicht schwer, die Wahrheit dieses halbherzigen Scherzes zu prüfen, auch wenn es erst einmal als ein Schock kommt.

> *Könnte es sein, dass einem der Appetit vergeht, weil man den anderen „gefressen" hat?*

Sobald eine der für das Leben als Paar notwendigen vier Stützen fehlt, wird die Kommunikation schmerzlich sein oder gar völlig fehlen.
Diese vier Stützen sind für mich:

- die *geteilte Freude* im Geben und Nehmen,

- das *spontane Verstehen*, das heißt Toleranz, sofortiges Verstehen des anderen, zusammen mit Wohlwollen und Vorurteilsfreiheit,
- die kurzfristige *Sicherheit* zusammen mit dem Einhalten der Verpflichtungen und der Fähigkeit, Ereignisse zu relativieren (zu entdramatisieren),
- das *gemeinsame Ziel*, die Fähigkeit, über die Wunschebene[10] hinauszugehen, gemeinsam eine für beide greifbare, konkret realisierbare Zukunft zu gestalten.

Die nonverbale Kommunikation

> *Blicke, Lächeln, Gesten, die mehr sagen als alles, was Worte vermögen, die es erst noch zu erfinden gilt.*

Die nonverbale Kommunikation sollte stets aufs Neue einen wichtigen, ja wesentlichen Platz im Leben eines Paares einnehmen. Und dennoch ...

Der Blick

Unsere Augen sind außerordentlich ausdrucksfähige Kommunikationsmittel. Was sie sagen beziehungsweise nicht sagen, kann für uns die Ursache mehr oder weniger falscher Interpretationen sein.

Der eine empfindet beispielsweise den Blick des anderen als tadelnd, vorwurfsvoll, kalt; er fühlt sich ausgeschlossen, ohne es ausdrücken zu können.

---

[10] Es geschieht nicht selten, dass einer der Partner auf der Wunschebene zurückbleibt, auf der Ebene des Imaginären, des Zurückblickens, der Bitterkeit, der Unzufriedenheit oder des Versagens – „Ich würde gerne dies oder das tun; wenn ich nur das hätte tun können; ich hätte dies oder das tun sollen ..." –, ohne jemals seinen Wunsch in die Tat umsetzen zu können.

Seit wann sind Sie dem Blick des anderen nicht mehr begegnet oder haben ihn nicht erwidert?

Spiegeln Sie sich noch in den Augen des anderen? Welche Farbe haben sie heute?

Denken wir auch an die Botschaften des Körpers und die vielfältigen Ausdrücke, die er benutzt, um sich auszusprechen oder zu schweigen.

Physiologische Reaktionen

Die Körpersprache hat viele Ausdrucksformen: Erröten, Schweißausbrüche, Zittern ...

Atem und Herzschlag machen bisweilen einen „Sprung", je nach dem, was der andere sagt oder nicht sagt...

Der Atem ist oft am meisten von Gefühlsbeziehungen betroffen, er wird verletzt, erstickt, bedrückt, blockiert (... und der Blutdruck steigt).

Bestimmte Arten der Abkapselung – „Blindheit", „Taubheit", „Gefühllosigkeit" – scheinen oft Verweigerung auszudrücken; diese Gefühllosigkeit wird den einen denken lassen, dass der andere:

„nicht mehr mitschwingt",
„nichts gehört und gesehen hat",
„nicht interessiert ist".

Und alles das verdammt zum Schweigen, zur Einsamkeit, zur Gewalttätigkeit des Nicht-Gesagten.

Die Zärtlichkeiten

> *Was nicht erlaubt ist, wird als verboten erlebt.*

Was sagen sie aus?
Was lassen sie aus?
Was erwecken sie?

Dein Körper, mein Körper – haben meine Hände dort noch eine Heimat, haben deine Hände dort noch eine Heimat?

Die verschiedenen harmlosen, unbewussten (Unfälle usw.) oder auch brutalen Mitteilungsformen innerer Ereignisse sind bei manchen Paaren gang und gäbe. Das bedeutet, dass man in seinem Körper, mit seinem Körper alle uneingestandene Not, alle verborgene Verwirrung, die moralischen Ängste, die schuldbeladenen Genüsse, halb geformte und sofort erstickte Wünsche zum Ausdruck bringt.

Das Lächeln

Ist es noch der Sonnenschein, der das Universum verwandelt, das Wegzeichen unseres gegenseitigen Verstehens, unseres stillschweigenden Einverständnisses?

> „Heute Morgen habe ich beim Blick in den Spiegel im Bad gefunden, dass wir beide noch schön sind. Und dann hast du dich umgedreht, und ich habe dich intensiver angeschaut. Und dann habe ich uns plötzlich nicht mehr gesehen. Du machtest dich fertig zum Weggehen ..."

Und singen und lachen ... und ungehemmt weinen, sich davontragen lassen.

Die Fülle der Gefühle, die jeden beliebigen Menschen verwandeln, ihn öffnen, ihn enthüllen können, wird bei einem Paar zum Hindernis, das es aus dem Weg zu räumen gilt:

„Ich habe mich verschlossen, als ich sie weinen sah."
„Ich habe bei ihr/ihm nie ich selbst sein können."
„Ich habe ein Lachdefizit von zwanzig Jahren."

„Ich kann es nicht ausstehen, wenn er sich gehen lässt wie ein Baby."
„Ich habe es nie gewagt, ihm mein Leid einzugestehen oder gar zu weinen."

Und trotzdem bleibt immer die Hoffnung:

„Die Erwartung der Worte, die das Schweigen und den Hass zerreißen, die einem das Herz erwärmen würden, die den Abgrund des Leidens schließen würden ..."

Suchen wir also nach der Sprache des Gefühls mithilfe der Schwingungen, der Klänge, der Rhythmen unserer Stimme, unserer Gesten. Setzen wir unsere Energie in der Intensität der Gegenwart um. Damit finden wir im Alltag den Geschmack der Liebe, diese Empfindung von Wärme, von Fließen, von großer Energie, von gedanklicher Klarheit, von der Fülle des Moments mit aller Zärtlichkeit und Glückserfahrung, die in einer wirklichen Begegnung eingeschlossen sind.

Es ist das, was uns zutiefst das Gefühl des Daseins gibt – wir, größer geworden, anders, jeder mit dem Gefühl seiner Einzigartigkeit.

Das Paar: ein Bereich des Möglichen, in dem sich vieles Unmögliche abspielen wird.

Das „zwischen den Worten" Gesagte

> *Wenn du nicht weißt, was du mit deinen Händen tun sollst, verwandle sie in Liebkosungen.*

Zwischen den Worten gesagt ist das, was sich aus den vielfältigen Signalen ergibt, die zumeist nichts mit dem Sprechen zu tun haben und die quasi den Hintergrund des verbalen Austauschs ausmachen. Viele Blockaden, vieles Nicht-Zuhören und viele Fehlinterpretationen ergeben sich aus diesen Signalen, die zumeist gar nicht absichtlich sind.

Uneingeschränkt zu kommunizieren scheint eine der ältesten und utopischsten Bestrebungen des Menschen zu sein, insofern, als jeder in der ihm ureigensten Weise verstanden werden will. Jeder möchte dem anderen genau das mitteilen, was an ihm selbst ursprünglich, einzigartig und außergewöhnlich ist.

Wir wollen das anhand einer äußerst banalen Situation darstellen, einer Verabredung von Jean und Marie. An diesem Morgen verabredet sich Jean mit Marie, um den Abend mit ihr zu verbringen. Er sagt: „Ich treffe dich um sechs am Ausgang vom Büro; dann gehen wir zusammen in ein Restaurant, das wir mögen."

Diese Mitteilung wird für Marie voller vielfältiger Signale stecken: Aufregung, Verwunderung, Freude, Kleiderauswahl, Frisur, Abmachung mit ihrer Kollegin Janine, dass sie rechtzeitig fort kann ... Kurz: Die Nachricht hat eine ganze Serie von mentalen Prozessen ausgelöst, die sich bei Marie in Form von besonderen Verhaltensweisen ausdrücken: beschwingter Gang, gute Laune, Lebhaftigkeit, Herzlichkeit bei den Kontakten. Diese werden von ihrer unmittelbaren Umgebung mehr oder weniger wahrgenommen und prägen ihre Beziehungen während des Tages in besonderer Weise.

Am Ende dieses Nachmittags wartet Marie bereits lange vor sechs Uhr auf dem Bürgersteig, schick zurechtgemacht, in einem Zustand erhöhter Wachheit, und ganz auf Jean eingestellt. Ihre Vorfreude ist sichtbar, und mehrere Passanten werfen ihr schmachtende Blicke zu.

Jean ist frühzeitig losgefahren, aber der Verkehr ist dichter, als er gedacht hatte; er fährt so schnell er kann. Er denkt nicht an Marie, auch nicht an den Abend, sondern konzentriert sich ganz darauf, pünktlich anzukommen.

Er möchte Marie gerne überraschen, bereits da sein, wenn Marie das Büro verlässt (er weiß nicht, dass er sich das schon verscherzt hat, denn Marie ist ihm mit derselben Absicht zuvorgekommen). Ein schwieriges Manöver lässt ihn mit dem rechten Hinterrad hart auf den Bordstein auffahren; er flucht, hält aber nicht an, um nicht zu spät zu kommen.

Schließlich ist er vor dem Gebäude, in dem Marie arbeitet, und sieht sie auf dem Bürgersteig. Sie lächelt ihm zu, hebt den Arm und kommt auf ihn zu. Paul aber sucht nach einer Parklücke. Marie kommt näher; sie schickt sich an, die Tür zu öffnen, um sich auf den Beifahrersitz neben Jean zu setzen, ihn zu begrüßen, ihm einen Kuss zu geben ... und sieht Jean in diesem Moment aussteigen. Er küsst sie flüchtig auf die Wange und sieht sich aufmerksam das Hinterrad an. Sie sieht ihn sich niederbeugen, die Felge berühren und hört ihn sagen: „Naja, nicht so schlimm, also fahren wir los ..."

In dieser kurzen Szene haben Jean und Marie einander zahlreiche Signale gesandt, von denen manche nicht angekommen sind oder im Gegenteil den einen gegen den anderen aufstacheln und anprallen lassen.

Jeder steckt in seinem gedanklichen Universum, mit dem er die Wirklichkeit des anderen begreifen will. Die Kommunikation war sehr unausgewogen; jeder von beiden hatte seinen „blinden Fleck".

Was wird sich nun im Auto abspielen? Im Restaurant? Das hängt von vielen Faktoren ab, die etwas mit der Dynamik ihrer Beziehung zu tun haben. Wenn Marie sich nicht von ihrer Frustration hinreißen lässt und sich in Schweigen hüllt, kann sie ihre Erfahrung nüchtern wahrnehmen und sie mit einem Lachen kommentieren (wie viel Lachen ist notwendig, um mit Missverständnissen fertig zu werden?). Sie kann auch mit einer indirekten Einladung beginnen: „Wie findest du mich heute Abend?", und damit Jeans Aufmerksamkeit auf sich lenken, wobei sie riskiert, doch noch in die Falle zu treten (und ihre Frustration aufleben zu lassen), wenn Jean nicht darauf eingeht, denn der konzentriert sich jetzt ganz aufs Fahren und auf das Ziel der Fahrt, nämlich das Restaurant.

Wir können die Geschichte hier abbrechen, sehen aber doch, wie sehr diese Signale und ihre Entschlüsselung einerseits etwas mit der Situationsdynamik und andererseits etwas mit unserer eigenen Geschichte zu tun haben.

Wir wollen in unseren Botschaften die ganze Fülle unserer Gefühle, unserer Überzeugungen, unseres Erlebens, unserer Erwartungen vermitteln, und nur allzu oft schränken die Kärglichkeit der Worte, die Mangelhaftigkeit unseres Vokabulars, unsere lautlichen und visuellen Mittel wie auch der Störeinfluss der Umwelt unsere Hoffnungen ein, machen einen Strich durch unsere anregendsten Absichten. Wie oft geht nicht auf diese Weise bei einer Begegnung, bei einem möglichen Austausch ein Lächeln, eine unvollendete Geste, ein fassungsloser Blick, eine Bewegung des Körpers verloren, wird nur halb wahrgenommen oder vergessen.

Wir werden uns selten bewusst, dass die Ganzheit unserer grundlegendsten Bedürfnisse – Sicherheit, Anerkennung, Bestätigung, Hoffnung, Dasein – in jedem Kommunikationsversuch enthalten ist, (um aus dem Nicht-Dasein herauszukommen).

Diese Bedürfnisse werden von den nichtverbalen Signalen mitgeteilt; sie nehmen oft die Hauptrolle ein und dominieren das sprachliche Register.

Auf die Heftigkeit eines Taubstummendialogs folgt gelegentlich die Heftigkeit einer unausgesprochenen, aber nichtverbal umso deutlicher ausgedrückten Erwartung.

Ehe „nach Maß"[11]

> „Ich habe die Ehre, nicht um deine Hand anzuhalten. Lass' uns kein Pergament mit unseren Namen verzieren."
>
> *Georges Brassens*

In den USA greift die Praxis des individuellen Ehevertrags um sich, der von beiden Vertragsparteien nach den eigenen Bedürfnissen, Wünschen und Fragestellungen ausgehandelt wird.

Der Vertrag wird allgemein bei einem Notar hinterlegt; gegebenenfalls gefolgt von einer standesamtlichen Trauung. Die beiden Ehepartner vereinbaren, sich an die Vertragsinhalte zu halten, selbst wenn diese rechtlich nicht bindend sind.

Hier ist ein solcher Vertrag, der 1976 von zwei jungen Amerikanern im US-Bundesstaat Ohio unterschrieben wurde:

1. *Definition*. Für Paul und Mary ist die Ehe eine emotionale, spirituelle und gesellschaftliche Verpflichtung. Mit diesem Vertrag verpflichten sie sich, während einer bestimmten Zeit gemeinsam zu leben, ihre Verbindung zu vertiefen, ihre Liebe und ihre Erfahrungen zu teilen.
2. *Vertragsdauer*. Dieser Vertrag hat eine Gültigkeitsdauer von fünf Jahren. Nach Ablauf dieser Zeit kann er auslaufen oder verlängert werden. Die Bedingungen sind neu zu verhandeln.
3. *Unterzeichnung*. Dieser Vertrag wird an dem Tag unterzeichnet, der für beide Parteien am günstigsten erscheint. Die Unterzeichnung wird von keiner Feier be-

---

[11] Angeregt durch einen Artikel in der Zeitung *Le Monde* im Jahre 1977.

gleitet; sie ist eine Privatangelegenheit, zu der weder Verwandte noch Freunde eingeladen sind.
4. *Bedingungen des gemeinsamen Lebens*. Paul und Mary werden zusammenwohnen. Das schließt eine Wohngemeinschaft mit Dritten nicht aus. Alle Aufgaben im Haushalt werden geteilt. Sie werden hauptsächlich während der Wochenenden erledigt. Mary wird sich davon zurückhalten, Paul anzubrüllen, wenn die Aufgaben nicht vor Sonntagnachmittag erledigt sind. Sie behält sich jedoch das Recht vor, Paul auf seine Pflichten hinzuweisen; dies wird jedoch stets mit Takt und Feingefühl geschehen.
Paul kümmert sich um Marys Auto. Dafür übernimmt Mary für Paul die Näh- und Flickarbeiten, was jedoch nicht die Socken einschließt.
5. *Finanzen*. Paul und Mary teilen sich hälftig sämtliche anfallenden Ausgaben: Miete, Umlagen, Lebensmittel. Jeder behält sein Konto und enthält sich jeder Einmischung in die Geldangelegenheiten des anderen. Wenn Paul und Mary auf ein gemeinsames Ziel hin sparen wollen, eröffnen sie zu diesem Zweck ein gemeinsames Konto.
Ist einer der beiden Partner vorübergehend arbeitslos, teilt der andere mit ihm seine Einkünfte, ist jedoch nicht gehalten, seine Ersparnisse zu teilen. Jede Partei hat ihren eigenen Wagen, solange dies finanziell tragbar ist.
6. *Streitigkeiten*. Streitigkeiten und Unstimmigkeiten werden nicht unbedingt als für das Einvernehmen der Parteien zerstörerisch angesehen. Paul und Mary meinen im Gegenteil, dass Auseinandersetzungen nützlich sein können. Sie werden jedoch vermeiden, körperliche Gewalt anzuwenden oder sich für längere Zeit zu trennen, auch wenn einer von ihnen noch voller Wut ist.
7. *Kommunikation*. Ein konstanter Austausch zwischen den Partnern ist wichtig, damit die Beziehung gut funktioniert. Soweit möglich, werden die Türen zwischen Paul und Mary immer offen stehen. Paul wird versuchen, mit Mary zu sprechen, wenn er in Wut geraten ist;

er wird versuchen, vor ihr keine Wand des Schweigens zu errichten. Mary wird versuchen, den körperlichen Kontakt mit Paul aufrechtzuerhalten, weil er sich auf diese Weise am leichtesten ausdrückt. Paul wird sich dennoch bemühen, seine Gefühle in Worte zu fassen.

8. *Treue.* Die sexuellen Beziehungen zwischen Paul und Mary sind nicht ausschließlicher Art. Wer immer eine sexuelle Beziehung mit einer dritten Person eingehen will, braucht den Partner davon nicht zu informieren. Es ist jedoch vorzuziehen, daraus kein Geheimnis zu machen, damit die Kommunikation zwischen Paul und Mary nicht unterbrochen wird. Beide stimmen darin überein, dass sie ihren Beziehungen zu Dritten jeweils nur einen sekundären Rang gegenüber der Hauptbeziehung einräumen.

9. *Name.* Da es sich um eine Beziehung zwischen zwei selbstständigen Einzelpersonen handelt, wünschen Paul und Mary keinen gemeinsamen Namen, der den einen zu einem Anhängsel des anderen macht. Mary hat lange genug dafür gekämpft, sich ihre Identität aufzubauen. Sie weigert sich deshalb, ihren Namen aufzugeben, und wird niemals anderen als Frau Smith vorgestellt.

10. *Kinder.* Paul und Mary vereinbaren, während der Dauer dieses Vertrags keine Kinder zu bekommen. Paul wird vielleicht niemals Kinder haben wollen. Mary ist sich dessen bewusst und akzeptiert es. Wenn Mary unabsichtlich schwanger wird, ist dies von den Partnern zu besprechen. Da jedoch eine Abtreibung für Mary ein schwerer Entschluss und vor Ort auch schwer durchzuführen wäre, werden Paul und Mary darauf bedacht sein, dass es zu keinem „Versehen" kommt.

11. *Eltern.* Jede Partei pflegt mit ihren Eltern den ihr richtig erscheinenden Umgang und akzeptiert die Einstellung des anderen in dieser Hinsicht. Jeder behält sich jedoch das Recht vor, die Eltern des anderen in die Schranken zu verweisen, wenn er der Meinung ist, dass diese auf ihn unerträglichen Druck ausüben.

12. *Freunde*. Jede Partei behält ihre Freunde. Wenn Paul und Mary sich neue Freunde aussuchen, werden sie sich ihnen als zwei Personen vorstellen, die zueinander eine Liebesbeziehung pflegen. Sie werden ihnen gestatten, sie über ihre gesetzliche Bindung zu befragen.
13. *Verfügung über den Körper*. Jede Partei behält das alleinige Verfügungsrecht über den eigenen Körper. Keine Partei wird versuchen, das Erscheinungsbild des anderen zu verändern. Mary insbesondere ist damit einverstanden, sich nicht über Pauls Pickel zu beklagen oder Bemerkungen darüber zu machen.
14. *Scheidung*. Wenn eine der beiden Parteien eine Scheidung wünscht, wird sich die andere nicht widersetzen. Alle während der Beziehung gemeinsam erworbenen Güter werden geteilt; jeder behält das Recht auf seine persönlichen Güter.
15. *Terminologie*. Beide Parteien sind einverstanden, im Zusammenhang mit ihrer Verbindung die folgenden Begriffe nicht zu verwenden: „verheiratet mit", „mein Mann", „meine Frau", „meine Verlobte", „meine Gattin", „meine Süße" oder irgendeinen anderen Begriff, der eine Abhängigkeitsbeziehung impliziert.
16. *Änderungen*. Dieser Vertrag kann in gegenseitigem Einvernehmen abgeändert werden. Die Veränderungen werden an den Vertrag angefügt und von beiden Parteien abgezeichnet.
Unterschriften: Paul Smith, Mary Brown.

Die Journalistin von *Le Monde* gab dazu folgenden Kommentar:

„Der pragmatische Charakter dieser Abmachung kann einem ein Lächeln entlocken. Wird jede Partei sich wirklich an die Punkte des Vertrags halten? Sind dem Text bereits zahlreiche Veränderungen hinzugefügt worden? Das ist zu vermuten. Es ist jedoch klar, dass ein Dokument dieser Art nicht dazu gedacht ist, dass man es dem Partner bei jedem Engpass im Eheleben unter die Nase hält.

Der amerikanische Psychologe Marvin Sussmann, der eine Studie über diese Verträge durchführt, meint, das Wichtige sei die Diskussion, die der Vertrag innerhalb des Paares auslöst, bevor noch das gemeinsame Leben beginnt. Diese erlaube, potenzielle Konflikte zu entschärfen beziehungsweise eine Lösung einzuleiten. Der Vertrag hat selbstverständlich auch einen symbolischen Wert: Er hebt die in den Gesetzen und Gebräuchen verankerte Ungleichbehandlung der Ehepartner hervor und bewirkt möglicherweise langfristig deren Änderung.

Mit derartigen Verträgen ist man weit von dem traditionellen Bild der Ehe entfernt, in der zwei Menschen sich vereinen und die Liebe alles ist, die ein Aushängeschild ist und in der der Mann die Führungsrolle hat usw. Kann man so ein paar Kilo Gefühle verhandeln wie Kartoffeln? So einfach ist das nicht! Doch man kann zumindest versuchen, sich den Zwängen der Gegebenheiten zu widersetzen. Und das tun Paul und Mary auf ihre Art. Wir sehen uns in zehn Jahren wieder."

> *Da ist dieses ganze Unverständnis, das aus dem Abgrund der Jahre heraus entsteht, und die Schwierigkeit, sich stets als etwas Veränderliches neu zu erfinden.*

> *„Ich spreche vom Paar, und bei einem Paar weiß keiner, was Erde und was Sonne ist. Das ist eine andere Gattung, ein anderes Geschlecht, ein anderes Land."*
> Romain Gary
> *Clair de femme*

Hier ist ein Beispiel eines Vertrags aus dem Jahr 1978, der 1979 von zwei jungen Franzosen vervollständigt wurde:

Präambel: Nach reiflicher Überlegung erscheint es uns angebracht, die Ehe als Institution abzulehnen. Wir geben damit einige soziale Vorteile auf, um an ihrer Statt jene Art von offener und entwicklungsfähiger Charta zu wählen, die uns als Vertrag dienen wird.

Zunächst einmal einige Wegzeichen: Teilen, Wärme, Werden, Körper, Territorium, Katalyse, Dunkel, Freiheit, Anerkennung, Freizügigkeit, Leid, Musik, Rollen, Verpflichtungen, Kinder ...

Artikel I. Unabhängigkeit. Ich werde hart daran arbeiten, zunächst unabhängig von mir selbst und dann auch unabhängig von dir zu sein.

- Ich brauche einen Bereich ganz für mich, wo ich mir die Zeit vertreiben, arbeiten, Gäste empfangen kann. Dieser Bereich wird dich respektieren, soll aber von dir nicht erobert, erstickt, verschlungen werden. Anderswo wird es ein stilles Eck für andere geben.
- Ich werde dich nicht verpflichten, das zu mögen, was ich mag. Ich werde nicht in den Bereich deines Geistes eindringen, in deinen Durst nach Wissen. Du hast deine kulturelle Vergangenheit; so musst du auch deine Zukunft selbst wählen. Ich bin anders.
- Zusätzlich zu den üblichen Rechten auf Ruhe, auf Nichtstun, auf Schwangerschaft und auf Verlangen werde ich die gemeinsame Kasse füllen helfen, um die Ausgaben für Nahrungsmittel, die Hunde, die Miete, Umlagen, Telefon und Kerzen zu bestreiten. Ich werde einen Betrag für mich zurückbehalten, den ich nach meinem Gutdünken ausgeben werde, beispielsweise für den Kauf und Unterhalt eines Rollers und meines Wagens. Es wäre wünschenswert, meine eigene Zahnbürste zu haben, denn oft putzen wir uns die Zähne gemeinsam, um uns zum Lachen zu bringen

Jeder von uns kann beim anderen etwas ausleihen, aber ich werde keine Zinsen nehmen.
Von der Familie Geerbtes gehört ausschließlich dem jeweiligen Erben.
Der Erwerb eines neuen Gegenstands geschieht gemäß eines gesonderten Vertrags (mit variabler Beteiligung).

- Ich werde nicht versuchen, in den Bereich deiner Wünsche und (Vor)-Lieben einzudringen. Ich werde mich jeder gefühlsmäßigen Erpressung und Eifersüchtelei widersetzen. Ich werde die Dunkelzonen respektieren, in die du keinen Einblick wünschst, doch solltest du wissen, dass ich im Schatten verkümmere. Gefühle, Tränen, Kleinlichkeiten werden meine Begleiter sein. Meine Not ist meine Sache, aber du kannst mir dabei helfen, sie zu erkennen. Ich werde vielleicht darum bitten, dass du mir zuhörst.

Ich unterhalte mit meiner Familie besondere Bindungen. Ich werde es nicht dulden, dass unsere jeweiligen Familien sich in unsere Belange einmischen, in mein Leben und in das gemeinsam geführte. Ich werde mich bemühen, ihnen gegenüber ganz klar zu sein.

- Ich kann meinen Körper entdecken und ihn dir, aber auch anderen enthüllen. Meine sexuelle Unabhängigkeit, sofern ich sie erreiche, ist das Ergebnis all dessen, was voranging. Ich erhoffe sie mir als Krönung unserer Gemeinsamkeit und nicht als etwas Vorauszusetzendes.

Artikel II. Ich werde an der chemisch-emotionalen Reaktion teilnehmen, die sich aus dem gemeinsam geteilten Alltag ergibt, wie ein Katalysator an einer Kettenreaktion. Ich werde nicht versäumen, die Finger zurückzuziehen, wenn ich sie mir verbrenne.

Artikel III. Ich lebe mit dir zusammen, um:

- zu kommunizieren, mich hier und jetzt wohl zu fühlen,
- in jedem Moment zu werden.

Artikel IV. Wolltapsel ist unsere erste Tochter, aber sie ist nur eine Hündin. Trotzdem ist sie eine der schönsten, wenn nicht sogar die schönste in Frankreich. Durch sie tauschen wir uns aus; achten wir auf das Bild, das sie uns von uns zurückwirft.

Artikel V. Ich werde mich nicht in die Rolle einschließen, die mir Sicherheit gibt und die dir „passt": Köchin, Klempner, Geschirrspülerin, Bastler, Gärtner oder Näherin sind nicht typischer für dich als für mich. Und wenn ich mir eine besondere Rolle auswähle, soll das nur vorübergehend sein (Kinderhüten, Berufstätigkeit ...), damit es erträglich bleibt.

Artikel VI. Ich werde nicht aus Angst oder aus Melancholie die Wärme in mir unterdrücken.

- Ich werde mich um meinen Körper nach eigenem Gutdünken kümmern, auch wenn dir das missfällt (ich trage tagsüber wie nachts ein Korsett, ich zupfe mir die unerwünschten Haare aus, ich mache mir Locken, ich dusche mich zweimal am Tag/einmal im Monat ...).
- Ich möchte, dass aus uns ein oder mehrere Kinder hervorgehen. Das ist eine große Verpflichtung, aber ich werde das nicht als Alibi dafür ausnutzen, dass es zwischen uns „aus ist". Unser Kind wird nicht am Rockschoß von Kapital, Prinzipien oder Existenzgehilfen hängen.
- Ich werde mir die Zeit nehmen zu sein.
- Ich werde keine unnötigen Ängste heraufbeschwören; wenn ich meine Versprechungen nicht halten kann, werde ich es dem anderen sagen.

Artikel VII. Der Zweck des Unternehmens, das diesen Vertrag zustande gebracht hat, ist nicht, dass wir uns abschotten, sondern das Prickeln des Atems, der Stimmen, der Schreie, der Körper.

Artikel VIII. Dieses Unternehmen ist nicht auf Gewinn ausgerichtet.

Artikel IX. Ich werde mich auf dich nicht mit folgenden Begriffen beziehen: „meine Frau, mein Mann, meine Süße, mein Kerl", sondern ich werde glücklich sein, wenn ohne Worte aus mir die Lebensfülle hervorscheint, die du mir gibst.

Artikel X. Jeder kann jederzeit eine oder mehrere Änderungen dieses Vertrags vorschlagen.

Artikel XI. Und außerdem brauche ich eine gute Portion Toleranz.

Artikel XII. Und dass ich für Einsichten offen sein möge!

Ein Jahr später wurden ein dreizehnter Artikel sowie zwei Anmerkungen hinzugefügt.

Artikel XIII. Seit einigen Wochen ist unser Kind da. Es saugt uns aus und entzückt uns. Es verändert unsere Routine.

Der Kommentar des Mannes: Wir leben als Paar. Wie schwer ist doch die Unabhängigkeit der Eigenbereiche aufrechtzuerhalten!

Der Kommentar der Frau: Es gibt mehr als nur die räumliche Unabhängigkeit zu wahren. Die Einhaltung dieses Vertrags erfordert von mir Wachheit und Wachsamkeit in den „Abenteuern" des Alltags, den Kampf gegen meine Angst, die Abstürze in meine Depression. Ich hole mir dort die Farbe meiner Aufschwünge, entdecke langsam meinen inneren Garten. Ich erlebe dieses schwierige Voran-Schreiten manchmal als große Herausforderung.

> *Wir werden beobachten, wie ein Paar sich sucht, sich findet, sich bildet, sich entdeckt, sich auslebt, sich auseinander setzt, sich manchmal lossagt, sich widerspricht, sich verirrt, um manchmal sich selbst zu werden und vielleicht sogar über sich hinauszuwachsen.*

> *Wenn ich still vor mich hin schmolle, erbettle ich etwas Lebenswichtiges, das ich nur allzu gerne zurückweise, wenn du dich mir näherst, und das ich nur allzu gerne lauthals verlange, wenn du nicht zuhörst.*

3. Faktoren, die zur Entfremdung zwischen Partnern führen

> *Deine Liebe ist wunderbar; die meine ist es auch, und dennoch ist unsere Liebe so schmerzlich und voller Leid ...*

Es ist in einer engen Beziehung schwer, mein und dein auseinander zu halten.

Die Faktoren der Entfremdung, die es in jeder Beziehung gibt, scheinen mir bei einem Paar besonders stark zu sein. Hier sind einige davon, bei denen höchste Wachsamkeit geboten ist.

> *Das Schwierige ist nicht, das zu lernen, was man nicht weiß, sondern das, was man weiß.*

Der innere Dialog

Es handelt sich um einen inneren, nicht ausgesprochenen, nicht realen Dialog, der an die Stelle des realen tritt und eine Beziehung nachhaltig belasten kann.

„Ich kann meine ganze Energie darauf verwenden, herauszufinden, was in dir vorgeht, ohne jemals mit dir über das Thema zu sprechen."

„Er weiß, dass ich es weiß ... und trotzdem spricht er mit mir nicht darüber."

„Warum spricht er nicht darüber, wo er doch weiß, dass ich es weiß? Warum schweigt er, anstatt das Gespräch auf das zu bringen, was mir so am Herzen liegt?"

„Ich spreche mit mir selbst über ihn, gebe mir selbst seine Antworten; ich stelle mir seine Gefühle vor, und dann sage ich zu mir: Er antwortet nie, wenn ich ihm eine Frage stelle."

„Ich bringe also das Thema nie aufs Tapet und sehe und höre dabei nicht, dass mein wie auch sein Schweigen uns blockiert."

„Er seinerseits führt seinen inneren Dialog mit mir, dessen Regeln ich nicht kenne."

„Unsere Ängste addieren sich, um heiklen oder schmerzlichen Fragen aus dem Weg zu gehen, die manchmal imaginär sind, und wir gehen nicht das Wagnis ein zu überprüfen, was wir im Geheimen in Szene setzen."

So stellt vielleicht jeder dem anderen (in seinem Kopf) die Frage, die ihn beschäftigt, und gibt sich selbst (in seinem Kopf) die Antwort, die er sich erhofft oder fürchtet.

> *Der Wunsch ist immer der des anderen. Und auch wenn mein Wunsch ähnlich ist, ist es doch niemals der meine, weil ich nur den des anderen suche.*

Diese Art, an der Stelle des anderen zu denken, stellt sich manchmal dem realen Austausch in den Weg und verfälscht ihn.

„Ich weiß, dass du nicht glücklich mit mir bist."
„Ich weiß, was du mir sagen willst."
„Ich habe nicht mit dir gesprochen, weil ich wusste, dass du mir nicht zuhören wolltest."

Die verschiedenen Arten, den Dialog zu verweigern, gehen auf die verschiedenen Ängste zurück, die in einem Paar vorhanden sind: die Angst, sich eine Abfuhr einzuhandeln; das Risiko, verurteilt, zurückgewiesen, abschätzig behandelt zu werden, wenn man wagt, seinen Wunsch auszusprechen; Angst, nicht verstanden zu werden, sich nicht ausdrücken zu können; Angst, den anderen zu verletzen.

Diese Ängste bringen uns auch dazu, Dinge heraufzubeschwören:

„Du wirst denken, es ist nicht wichtig."
Was so viel heißt wie:
„Antworte mir auf der Stelle, gib mir das Gefühl, dass ich existiere."

Der andere riskiert, auf der Ebene der Worte hängen zu bleiben, nicht zu verstehen, sich über Reaktionen zu wundern. Er könnte ganz unschuldig sagen:

„Aber du hast mir doch selbst gesagt, dass es nicht wichtig ist."
Oder auch:
„Hier hast du meine Antwort; tu damit, was du willst; wir sprechen später noch mal darüber ..."

Und manchmal werden die Zeit und das Vergessen die Bitte verschütten.

Da ist auch noch die Frage des „Umgehens" mit der Angst – mit der des anderen, mit der eigenen.

„Ich fühle mich von ihm/ihr ohne jeglichen konkreten Grund und Anlass zurückgewiesen; also werde ich eine Situation herbeiführen, um Bestätigung zu bekommen."
Was dann scheinbar zu der paradoxen Einstellung führt, dass ich etwas erzeuge, das meine schlimmsten Ängste bestätigt.

Die neu erweckte Angst, reaktiviert durch tausende von täglichen Ereignissen, insbesondere die Beziehungen zu den Kindern, spielt eine doppelte Rolle: die des Verbindens (Annäherung) und die des Zurückstoßens (Entfernung). Dieses Auf und Ab zehrt wie Ebbe und Flut am Wesen der Paarbeziehung, mehr als selbst die heftigsten Stürme.

Das Wesen des Paares ist auch ein unbewusstes Einvernehmen, an dem jeder teilhat, um die Veränderung des anderen zu verhindern.

Es spielt eine notwendige Rolle für die Aufrechterhaltung des erworbenen Gleichgewichts (auch wenn dieses schmerzlich ist) und die Verhinderung eines möglichen (Aus)bruchs. Wenn jedoch jeder die ständigen Ängste des anderen ausnutzt (und das, ohne sich dessen bewusst zu sein), wird die notwendige Entwicklung gehemmt.

Jede Beziehung ist ein Kampf zwischen den Kräften der Annäherung, der Einheit, der Stabilität und den Kräften der Selbstständigkeit, Unabhängigkeit und der Veränderung. Der Konflikt spielt sich in jedem Einzelnen, aber auch zwischen beiden Partnern ab.

Die Gefühle werden hart auf die Probe gestellt, und die Empfindungen haben es schwer, sich in akzeptabler Weise auszudrücken.

Der innere Dialog hat eine wichtige Bedeutung, nämlich die, das Wagnis der Veränderung zu vermeiden.

„Ich weiß, dass er beim Frühstück die Zeitung liest, weil das, was ich zu sagen hätte, ihn nicht interessiert. Den ganzen Tag nimmt ihn die Arbeit in Anspruch; da ist es gut, dass er sich noch seine Lektüre gönnen kann, obwohl wir doch nur diesen Moment füreinander haben. Wenn ich ihn bitte, die Zeitung fortzulegen, muss ich schon etwas sehr Interessantes zu berichten haben. Da werde ich mir also selbst eine Zeitung schnappen (oder fernsehen), damit er sich nicht gestört fühlt."

> *Beide haben einen Wunsch (manchmal denselben),*
> *aber sie legen einander Hindernisse in den Weg, um*
> *den Eindruck zu erwecken, als habe ihn nur einer.*
> *Als ob die Mauer notwendig wäre, und es reicht, dass*
> *der eine sie errichtet und der andere sie unterhält.*

Im Dialog suchen wir uns selbst. Wenn wir dem Anderen begegnen, geht nichts mehr; wir stellen die Trennung von zwei Bewusstheiten fest. Hier rühren wir an eines der Paradoxe der Kommunikation, dass wir nämlich anscheinend zur Kommunikation die Trennung brauchen.

Wir sind gezwungen zu kommunizieren, um das Nicht-Vermittelbare zu benennen, das heißt den Raum, der uns trennt – diesen unvermeidlichen Raum, der im Moment der Geburt durch die Trennung von der Mutter entstanden ist; das, was später dann die Notwendigkeit der Trennung von „innen" und „außen" erzeugt, damit es zu einem Austausch kommt. Diese Trennung ist als ein Raum zu verstehen, in dem ein Wort, verschiedene Worte gewechselt werden können. Ein Loch gibt es nur, weil es ringsumher Grenzen gibt.

> *„Die Unermesslichkeit ihrer Wünsche lähmte sie."*
> G. Perec

Wenn der Dialog verarmt

Spontaneität und Fülle der Kommunikation eines Paares können im Lauf der Jahre in Bezug auf die Worte und die wechselseitige Anregung verarmen; es besteht die Gefahr, dass an ihre Stelle eine utilitaristische Sprache aus Gemeinplätzen tritt.

„Kann ich mal das Salz haben."
„Das Wohnzimmer muss neu gestrichen werden."
„Was hast du heute gemacht?"

Die Sprache der Empfindungen, die der eine oder der andere gelegentlich wieder einzuführen versucht, wird als verfehlt und als Plumpheit gewertet:

„Ja was! Da fängt sie schon wieder mit ihrem Mäkeln an, ihren Forderungen, ihren Richtigstellungen. Sie geht mir auf den Geist; ich habe nichts zu sagen; ich habe keine Lust, über Gefühle zu sprechen."
Es kann vielleicht zu einer Floskelsprache kommen:
„Ich weiß schon jetzt, was er sagen wird; ich kenne seine Reaktionen. Es ist immer dasselbe; da kann ich gleich den Mund halten."

Die Abläufe wiederholen sich, sind vorhersehbar, haben dieselben Folgen, führen zu Ermüdung und Desinteresse.

„Ich komme zu dem Schluss, dass das Leben als Paar das Schlimmste ist, was einer Liebe und den beiden Betroffenen widerfahren kann. Es wird früher oder später alle drei umbringen."

Wie ist es mit der „Müdigkeit", die jeder beim anderen auslöst? Er weiß, dass seine „Zärtlichkeit" nur ein Gähnen auslösen wird. Sie „weiß" ja, dass ihr Versuch eines Gesprächs – „Ich möchte heute Abend über uns sprechen" – schließlich mit einem „Ach, komm mir doch nicht wieder damit!" enden wird.

Der erstarrte Dialog gründet oft auf unausgesprochenen Dingen. Es ist anscheinend unmöglich, über erlebte Enttäuschungen, die unvermeidliche Aggressivität und die damit verbundenen Frustrationen zu sprechen, über Wünsche nach anderen Erfahrungen. Wer hat sich nicht schon den Tod seines Partners oder die Auflösung des Paares voller Angst und geheimer Freude vorgestellt? Wer aber wagte das zu sagen? Die Angst, den anderen zu verletzen, die Angst, eine Abfuhr zu bekommen, sind beide der Ursprung vielen Schweigens in einem Paar.

> *„Ich muss dir etwas sagen, habe aber keine Lust, es dir zu sagen."*
> *Mit anderen Worten: „Gib mir den Wunsch, es dir zu sagen; interessiere dich für mich."*

Projektion und Heraufbeschwörung von Gefühlen

> *Das Geschenk, das ich dir gebe ... mache ich mir selbst. „Du sollst es mögen, denn ich möchte dich so gerne glücklich sehen."*

„Wenn du nicht mit mir empfindest, meine Projekte, meine Wünsche bejahst, so werde ich taub. Ich verstehe dich absolut nicht; ich höre nur meinen Wunsch ..."

Diese Art zu sein wird vom anderen als Verneinung, als Nicht-Dasein empfunden (als Unmöglichkeit, den Kopf aus der eigenen Existenzsphäre hinauszustecken).

Meine Angst, nicht zu sein, wird für den anderen zu einem regelrechten Diktat: „Sei durch mich!"

Ich werde ihn daher unterbrechen, ihm das Wort abschneiden, ihm vorschreiben, was er zu denken, zu empfinden, zu sagen und zu tun hat. „Du musst mindestens einmal in der Woche mit unserem Sohn sprechen."

Ich kann auch dem anderen einen Teil meiner Wünsche und Ängste „unterjubeln".

> „Mein Wunsch, dem anderen untreu zu werden, bringt mich dazu, dass ich ihm denselben Wunsch unterstelle."

Mein Urteil über mich selbst unterstelle ich auch dem anderen. Wenn ich meine Unordnung oder meine Schüchternheit nicht mag, habe ich den Eindruck, dass der andere nichts als das sieht.

> „Im Kreis aller dieser brillanten Menschen fühle ich mich wie ein Trampel; ich bringe nichts als Banalitäten hervor. Und wenn wir dann zu Hause ankommen, werde ich ihm sagen: ‚Ich habe von deinen Blicken abgelesen, dass du mich doof fandest, und das hat mich blockiert.'"

Ich projiziere also einen Teil von mir auf den anderen und lasse ihn eine Rolle spielen, die er vielleicht annehmen wird – unter Verzicht darauf, er selbst zu sein. Jeder Mensch kennt diesen Wunsch, dem anderen die Gefühle oder Verhaltensweisen vorzuschreiben, die er haben sollte.

> „Als ich ihm seine freie Wahl gelassen habe, war es, damit er aus freien Stücken meinen Erwartungen entsprechen und meine Wünsche erfüllen konnte."

Ein geschiedener Mann, Vater von zwei Kindern, sagt zu seiner zweiten Frau:

> „Du solltest meine Kinder so lieben wie ich, denn du liebst mich ja."

Will er ignorieren oder herunterspielen, dass seine Kinder von ihr als Rivalen oder als lebendiger Beweis dafür empfunden werden, dass sie lediglich seine zweite oder dritte Ehefrau ist? Oder will er sich darüber hinwegtäuschen, dass diese Kinder durch ihr Verhalten, ihre Probleme bei ihr zwiespältige Gefühle oder ungelöste Konflikte aufleben lassen?

"Du solltest diesen Film interessant finden, denn mich interessiert er."
"Du solltest dich darüber freuen, dass ich Erfolg habe."
"Du solltest Paul auch mögen, denn er ist mein Freund."
"Schau dir bloß dieses Möbelstück an, wie schön es gearbeitet ist."

Das Alltagsleben steht mehr und mehr unter dem Zeichen des „du solltest":

- essen, weil der Tisch gedeckt ist;
- morgens früh aufstehen, um den anderen bei den Einkäufen zu begleiten oder bei Aktivitäten, die dich selbst langweilen;
- deine Meinung zu irgendeinem Aspekt des Lebens äußern, zu etwas, das den anderen interessiert, auch wenn du vielleicht gar keine Meinung dazu hast.

Durch das, was ich „tun sollte", kann ich mir einreden, dass ich dem anderen meine Liebe „zeigen" und ihm meine Zuwendung beweisen kann. Außerdem beweise ich ihm meine Liebe laufend dadurch, dass ich ihm Sachen aufzwinge.

> *Sag nichts (ich habe zu sehr Angst, dir noch einmal zu gehorchen).*
> *Verlange nichts von mir (damit ich meine eigenen Bitten finden kann).*
> *Verpflichte mich dir nicht zu sehr, (damit ich alleine meinen Schwung, meinen Weg zu dir finden kann).*

Wünsche und Bitten können sich auch in Form von Vorwürfen ausdrücken.:

„Es ist dir ganz offensichtlich egal, dass meine Mutter ihre Sonntage alleine bei sich verbringt."
Das könnte sich auch so anhören:

„Du solltest meine Sorgen um sie und meine (Schuld)gefühle mit mir teilen."
Oft sind Liebesbeziehungen auch mit zahlreichen Wünschen überfrachtet. Man wünscht sich vieles für den anderen, aber auch vom anderen.

„Es muss ihm gefallen, weil es mir auch gefällt, wenn es ihm gefällt. Wenn er sich nicht amüsiert, verdirbt er auch mir den Spaß."
„Ich möchte so sehr, dass sich der andere verändert, dieses oder jenes unterlässt ... Es würde so viel besser gehen." Für wen?

Der Wunsch nach Veränderung richtet sich häufig auf den anderen. Es ist ziemlich schwierig, sich darüber klar zu werden, dass bei einem Paar die komplexen wechselseitigen Kausalbezüge immer auf beide Partner zurückgehen.

Die Beziehung ist ein Kreislauf; es ist oft müßig zu untersuchen, wer angefangen hat. Es ist dagegen hoch interessant zu erforschen, wie beide etwas fortdauern lassen.

Missverständnisse, Fehler, vorsichtiges Abtasten wie auch Begegnung und Teilen spielen sich zwischen zwei Menschen ab; sie können nie das Werk eines Einzelnen sein.

> *Wir wünschen uns alle von einem anderen, dass er uns so mag, wie wir gerne wären, und nicht so, wie er glaubt, dass wir sind.*

> *„Zu wagen, um etwas zu bitten, sich die eigenen Bedürfnisse einzugestehen, das war zu viel! Das Wichtigste war der Wunsch des anderen, und ich brachte die Stunden damit zu, mir den Kopf zu zerbrechen, was ihm Freude machen würde ..."*

Das Gefühl der Erniedrigung

> *Mein Wert besteht aus dem kleinen Unterschied zwischen meinem Unwert und dem etwas größeren Unwert, den ich dem anderen zuschreibe.*

Die notwendigen Etappen auf dem Weg durch den anderen zu sich selbst, nämlich Gefühle, Sexualität und Aggressivität, werden oft falsch eingeschätzt, wenn sie jeweils als Erniedrigung erfahren werden, ganz gleich, ob diese bewusst oder unbewusst ist.

Manche Fehlentscheidungen beruhen auf dem Wunsch, dem anderen (widerwillig) zu Gefallen zu sein. Denn sonst besteht das Risiko, sich seinen Ärger zuzuziehen, sein Schweigen, seinen schlagartigen und das Leben untergrabenden Rückzug oder auch seine Enttäuschung.[12]

Wie viele Teufelskreise beginnen mit der paradoxen Einstellung:

„Ich werde meinen Wert vom anderen abhängig machen."
„Indem du so den Geliebten (mich) entwertest, entwerte ich dich."

Ich fälle über mich selbst ein Urteil, das mir unannehmbar erscheint. Ich projiziere es auf den anderen und bilde mir dabei ein, dass er über mich genauso den Stab bricht. Dann versuche ich auf verschiedene Weise, dafür eine Bestätigung zu finden.

Wer verliert seine Würde, wenn der eine oder der andere oder beide bei der Liebe keine Lust empfinden?

Wenn sie es wagen würden, darüber zu sprechen, wären sie vielleicht ziemlich erstaunt. Wir sehen oft, dass beide

---
[12] Die Angst, den Geliebten oder Liebenden zu enttäuschen, ist eine starke und bedrohliche Fessel.

Partner sich herabwürdigen, während jeder von ihnen meint, der Einzige zu sein, der sich herabwürdigt. Die gegenteilige Einstellung wird sein, dem anderen einen Vorwurf zu machen: „Du taugst zu nichts, du bringst nichts zu Stande", und so fort.

Sie werden jahrelang warten, bevor sie sich ihre Erwartungen, ihre Wünsche, ihre Forderungen eingestehen.

> Er wird sie immer nur auf die Schnelle lieben, denn er hat Angst, dass sie sich ihm verweigert oder einschläft. Er wird niemals sein Bedürfnis nach Wärme, Zärtlichkeiten, Zuspruch mitteilen, das er doch immer gehabt hat.
> Er wird sich hyperaktiv aufspielen, während er sich doch ganz hingeben und sich von ihr entdecken und lieben lassen möchte.
> Er verlangt viel, weil er so sehr fürchtet, dass sie nichts von ihm verlangt.

Manchmal liegt auch in der Gegnerschaft eine erotische Note: „Ich existiere intensiver als du."

Die Angst, nicht zu besitzen, das Zuvorkommen des einen hindert den anderen am Geben:
„Wenn du mich bittest, nimmst du mir die Freude, dir zu schenken."

Das entwickelt sich in den Spielen (siehe später im Text), bei denen wir uns die paradoxe Verquickung von leiden und lieben ansehen werden, die ja schon im Ausdruck „Ich kann ihn gut leiden" (= „Ich mag ihn") zu finden ist.

> „Ich wage nicht, ihr weh zu tun (indem ich mich ausspreche), gerade weil ich fürchte, dass ihr das nichts ausmacht und ich entdecken werde, dass sie mich nicht so liebt, wie ich es mir wünsche."

Oder auch:

> „Ich weiß, dass ich dir Schmerzen verursache, wenn ich dir sage, dass ich einen Liebhaber habe, und ich werde frustriert und verletzt sein, wenn du es mir nicht zeigst, denn dein Leiden gibt mir Sicherheit, zeigt mir, wie sehr du an mir hängst (wie sehr du mich liebst). Und ich brauche das, um meine Beziehung zu dem anderen weiterzuführen."

Und er wird ihr gelegentlich den Beweis für das Gegenteil geben:

> „Ich werde dir nicht zeigen, dass ich leide; diese Freude gönne ich dir nicht (diesen erneuten Beweis, dass ich dich liebe); ich tue so, als wäre es mir gleich."

Wie viel Leid wird so unterhalten und verstärkt.

Manche leben in einem betäubten Körper oder in einem Körper ohne Erinnerung.

> „Ich brauche unablässig Liebesbeweise, Zärtlichkeiten, weil sie bei mir keine Spur hinterlassen. Ich erinnere mich an nichts außer an Weigerungen. Man muss mir stets dieselben Worte wiederholen, denn ich habe keine Erinnerung an Klänge. Ich brauche stets einen Blick, weil ich mich nur an die erinnern kann, die sich abgewendet haben ..."

In diesem erinnerungslosen Körper ist nur das Negative und Schlechte dauerhaft eingraviert.

Die eigene Herabwürdigung (oder die des anderen) wirkt bei einem Paar wie ein Krebsgeschwür.

> „Ich sehe dich, spreche mit dir, berühre dich, gebe dir Dinge, empfange dich, verlange nach dir. Du und ich sind wir. Für einen Augenblick. Bleiben wir es aber zu

lange, verlieren wir uns im anderen. Es gibt keinen Kontakt mehr, sondern nur ein Eins-Sein, das auf die Dauer tödlich ist, weil es verhindert, dass andere Kontakte entstehen, die für mein Wachsen, mein Lebensgefühl wichtig sind. Wenn ich leben will, muss ich mich trennen. Das heißt, ich muss von dir verschieden sein. Um dich besser wiederzufinden, um dir von neuem zu begegnen."

> *Schuldgefühle wirken in einer Beziehung wie ein Krebsgeschwür.*
> *Ich grolle mir, weil ich dir weh tue oder die Freude unserer seltenen Augenblicke der Gemeinsamkeit durch Klagen, Weinen, Schweigen, Weigerungen verderbe, und ich werde dich teuer dafür bezahlen lassen, denn sonst wäre es unerträglich für mich zu spüren, dass ich so schlecht bin.*

Unklarheiten bei „uns" und „ich + ich"

> *Ich kann nicht WIR denken;*
> *ich bin noch auf dem Stand von ICH,*
> *denn jahrelang*
> *war ich auf den ANDEREN eingestellt.*

Die schlimmsten Verletzungen entstehen nicht immer dann, wenn wir uns eine Weigerung einhandeln, sondern wenn wir um etwas bitten, aber den Eindruck bekommen:

- dass unsere Gefühle missachtet werden,
- dass unser tiefstes Empfinden vom anderen mit den Füßen getreten wird,
- dass unsere Bitte nicht gehört wird.

So entsteht das Gefühl, nicht verstanden zu werden, nicht anerkannt, nicht akzeptiert zu werden – ein Gefühl, das umso unerträglicher ist, als es von dem Menschen verursacht wird, den wir lieben und der uns ja eigentlich verstehen sollte.

Sie wird sagen:

„Ich hätte dieses Kind lieber nicht sofort bekommen, hätte lieber eine Reise gemacht, am Anfang erst einmal eine Zweierbeziehung ohne Kind erlebt."

Und er wird sagen:

„Wie kannst du mit etwas, das UNS (mir) so viel Freude bereitet, nicht glücklich sein?"

Das hat sie zu verstehen als: „Wir (dieses künstliche WIR) freuen uns sehr auf dieses Kind." Und weiter bedeutet es: „Schweige und vergrabe alle deine negativen Gefühle mir gegenüber, dem Kind gegenüber."[13]

In einer anderen Situation wird er sagen:

„Du hast nicht genügend Vorkehrungen getroffen, und das hatten wir doch vereinbart."

Sie könnte entgegnen:

„Nein, DU wolltest es ja, nicht WIR."

---

[13] Das Fiasko bei Mira und Ben in *Toilettes pour femmes* von M. French geht darauf ein. Wie lässt sich ein Wir schaffen, das zugleich ein genügend differenziertes Wir ist, um jedem Partner zu erlauben, sich selbst zu erkennen und sich vom anderen mit den eigenen wesentlichen Zielen anerkennen zu lassen.

> *Ich habe mir einen Wagen gekauft, aber WIR hatten große Mühe mit den Raten.*

So kann jeder Partner zu verschiedenen Gelegenheiten die Aussagen des anderen nehmen und sie zu seinem Vorteil sinnentfremden ... wohlgemerkt mit den besten Gefühlen und Absichten, meistens sogar, ohne sich dessen bewusst zu sein, denn es ist schwierig, nicht den eigenen Wunsch zu vernehmen, vor allem dann, wenn er lauter ist als der des anderen.

Die Unklarheit beim ICH und DU verbirgt bisweilen einen Besitzwunsch und vertuscht eine Entfremdungsmacht, der sich der andere nur schwer entziehen kann, da sie in der Maske der Liebe und guter Absichten auftritt. So zum Beispiel in der Form, dass einer alles für den anderen tut und seinen Wünschen zuvorkommt:

„Ich dachte, du hättest vielleicht gerne, dass ..."
„Ich weiß, dass du gerne ..."
„Ich habe hier etwas für dich, von dem ich weiß, dass es dir Freude macht."

Auf diese Weise nimmt man dem anderen den Raum, den er zum Ausdrücken seiner eigenen Bedürfnisse braucht.

Ich möchte, dass mein Partner meine Überzeugungen und Weltanschauungen teilt, die mir am Herzen liegen. Eine gemeinsame Sache ist ein starkes Band, vor allem, wenn man sich so gegen andere verbündet.

Die Einstellungen des anderen können jedoch, wenn sie zu stark sind, meine Freiheit einschränken, mich einschließen.

> Jean ist Homöopath. Er ist kategorisch gegen bestimmte Arten von Medikamenten. Er ist Epileptiker, und vor einigen Jahren hat er beschlossen, keine Medikamente mehr zu nehmen.

„Seither geht es mir besser", sagt er.
Er ist unterwegs mit Marie. Sie bittet ihn, ihr etwas aus ihrem Koffer zu holen. Er entdeckt dabei eine Schachtel Beruhigungstabletten.
„Das war für mich wie eine Ohrfeige", sagt er später. „Mir wurde bewusst, dass sie sich vor mir verbergen musste. Ich erlaubte ihr nicht, sich mit ihren Sorgen bei mir auszusprechen. Als Komplizen holte sie sich Medikamente, mit denen ich nichts zu tun haben wollte."

In dieser Situation herrscht eine doppelte, eine gegenseitige Entfremdung (wie das im Übrigen bei jeder Entfremdung der Fall ist): Marie muss etwas verbergen, um Jean nicht zu missfallen. Jean ist niedergeschlagen, weil er entdeckt hat, dass sein Fanatismus Marie dazu bringt, ihm etwas zu verbergen und so ihre eigene Meinung zu unterdrücken.

Wenn der Dialog unmöglich wird: nicht zuhören

Sprechen wir ein bisschen von dir; wie findest du mich?

> *„Ich bringe es nicht fertig, dich zu kennen" heißt:*
> *„Ich werde nie wissen, was du wirklich von mir denkst", heißt auch: „Ich werde aus dir nicht schlau, weil ich nicht weiß, was du aus mir herausliest."*
> *Roland Barthes*

„Ich kann nicht hören."
„Ich bin anderswo."
„Ich verstehe nicht."
„Du meinst nicht, was du sagst."

Diese mehr oder weniger bewussten Einstellungen können auch bedeuten:

„Ich will nicht verstehen."
„Was du mir sagst, schmerzt zu sehr, als dass ich es ertragen könnte."
„Ich habe zu viel gesprochen, um ihn daran zu hindern, mir ein Echo zu geben, und dabei hatte ich es von ihm eigentlich erwartet."

Es kann zu einer Manie werden, ausweichende Antworten zu geben und den Gefühlen freien Lauf zu lassen, ohne die des anderen zu kennen. Es entsteht dann ein Doppelmonolog, der beide Partner unzufrieden und voller Forderungen an den anderen werden lässt.

„Wenn du mir sagst, dass du von deinem Sohn enttäuscht bist, empfinde ich das als Vorwurf, ihn schlecht erzogen zu haben. Ich bin also voll des Lobes über meine gute Beziehung zu ihm, darüber welche Tiefe er hat und was alles in ihm steckt, das du nicht sehen kannst. Ich werfe dir vor, dass du nicht besser mit ihm kommunizierst ... Ich hatte nicht begriffen, dass es gerade dieser Schmerz ist, über den du klagst. Ich rechtfertige mich, gehe zum Gegenangriff über, anstatt dir zuzuhören."

„Nicht das, was du mir sagst, berührt mich am meisten, sondern die Gefühle, die ich heraushöre und die mich verletzen, denn sie verstärken meine Ängste oder neutralisieren meine Gefühle."

> *„Der Trommler hört nicht die Musik. Er hört nur das Echo der eigenen Schläge", sagte meine Großmutter.*

„Ich war überzeugt, dass ich ihm zuhörte. Er sagte oft zu mir: ,Du hörst mir nicht zu.' Ich dachte, dass er Unrecht hatte, dass er hierin selbst keinen guten Willen zeigte ...
Und dann habe ich mich eines Tages selbst bei einer Unterhaltung im Video gesehen; ich sah mit eigenen Augen, dass ich nicht zuhörte. Er hatte also Recht gehabt."

Kurze Zeit darauf verhält sich der Ehepartner seiner Frau gegenüber aggressiv; er ist sehr unzufrieden mit ihrer „Verwandlung".

„Jetzt hört sie mir zu und ich kann mich nicht mehr beklagen, kann nicht mehr der Unverstandene sein. Sie hat jetzt Recht, und das ist unerträglich."

Wenn die Resonanz, das Echo, der Nachhall zu stark sind, kann das den Austausch blockieren und die Kommunikation verzerren.

„Ich will dir etwas sagen, und du hörst nicht mehr zu, denn was du hörst, ist das, was in dir erweckt, wachgerufen wird."
„Ich will dir sagen, wie viel meine Beziehung zu unserem Freund Jean-Paul mir bedeutet, die Freude, die sie mir bereitet, und ich möchte so gerne meine Entdeckungen, meine Begeisterung mit dir teilen ...
Und du kannst nicht zuhören. Was dich in jenem Moment einnimmt, in dem ich mit dir spreche, ist Verwirrung, Schmerz, das Aufreißen einer alten Wunde, eine vergessene Angst, und ich entdecke, dass meine Worte dir weh tun. Also schweige ich, und über die geteilten Freuden fällt das Schweigen und bleibt vielleicht jahrelang. Vielleicht hätte ich auch deinen Schmerz heraushören und lindern sollen ... aber ich konnte es nicht tun ... ich wollte dir von mir erzählen."

> *Was sich am dringendsten mitteilen will, das bist du,*
> *dort wo du ich bist, dort wo ich du bin.*

Auf wen ist bei einem Austausch alles ausgerichtet? Wer spricht? Wer hört zu? Aber auch: Von welchen alten Bindungen rührt dieses Wort her? Wen berührt es? Wo hallt es nach? Die häufigste Falle ist vielleicht die, dass ich das, was der andere mir mitzuteilen versucht, als Vorwurf empfinde. Er spricht von sich, ich beziehe es auf mich, als ob ich für alles, was für ihn schwierig ist, verantwortlich und schuldig wäre, als ob das, was er erlebt, nur meinen Fehlern zuzuschreiben wäre.

> Als Jean nach einigen Tagen der Abwesenheit zurückkehrt, ist Marie voller Angst. Sie hat schwere Tage durchgemacht und versucht, ihm zu vermitteln, dass sie in dieser Zeit, während sie auf ihn wartete, sehr unruhig geworden ist – mit all den Gedanken, die ihr im Kopf herumgeisterten.
> Jean hört daraus einen Vorwurf wegen seiner Abwesenheit und seiner späten Rückkehr. In ihm klingt nun seine eigene Enttäuschung, dass er nicht willkommen geheißen wurde und dass Marie nicht alle die Bemühungen wahrnimmt, die er doch unternommen hat, um so schnell wie möglich zurückzukehren.

Die ganze Unterhaltung enthält mehrere (wenn nicht unbegrenzt viele) Botschaften, von denen jede von einer anderen Ebene kommt beziehungsweise auf einer anderen Ebene verstanden wird.

> Auf den kleinen, etwas staubigen Wohnzimmertisch hat Jean mit dem Finger „Ich liebe dich" geschrieben.
> Wie wird Marie die Botschaft lesen?
> Wird sie darin eine Liebesbezeugung sehen?
> Oder einen Vorwurf, ein Lebenszeichen,

eine Aufforderung, ihrer Hausarbeit besser nachzukommen ...

Wenn Marie zu Jean sagt: „Du sprichst nicht genug", was drückt sie damit aus? Unter anderem:
Einen Aufruf: „Ich möchte, dass du mehr mit mir sprichst."
Ein Bedauern: „Ich vermisse das Gespräch mit dir."
Einen Groll: „Ich werfe dir das vor."
Einen Vergleich: „Du sprichst viel leichter mit anderen."

Antwortet Jean beispielsweise:

„Wenn ich sprechen will, hörst du nicht zu",

so kann das heißen:

- dass er den Vorwurf gehört hat und sich dagegen verwahrt,
- dass er den Aufruf gehört hat, aber bei seinen alten Frustrationen verbleibt,
- dass er den Vergleich gehört hat, sich aber nicht angeregt fühlt.

In einem anderen Fall erklärt er (auf der Ebene sprachlicher Logik), dass er sich freut, dass sie arbeitet, dass sie wieder eine Tätigkeit außer Hauses aufgenommen hat, dass sie Interessen außerhalb des Haushalts hat.

Er kann das sogar vor seinen Freunden hervorheben (soziale Ebene). Häufig aber wird er seine Unzufriedenheit in Bezug auf rasch zubereitete Mahlzeiten, nicht gepflegte Kleidung, Müdigkeit und Zurückgezogenheit der Frau (Gefühlsebene) zum Ausdruck bringen. Er wird sich in Bezug auf seine Erwartungen getäuscht fühlen, als ob der einstige Vertrag lautete: „Einverstanden, verwirkliche deine Projekte; das darf jedoch zwischen uns nichts ändern."

Er wird krank werden (somatische Ebene). Oder er wird später von der Arbeit nach Hause kommen (Handlungsebene).

Das Nicht-Zuhören kann auch eine Rückantwort sein, ein Echo auf einen zurückliegenden Versuch der Kommunikation.

„Hör mir du wenigstens einmal zu."
„Das bringt nichts; du kannst das nicht verstehen."
„Hör doch zu und reg' dich nicht auf."
„Mit dir ist es immer dasselbe; du sagst mir nie etwas."

> „Das Zuhören ist eine so starke Herausforderung, dass es oft ungeschickt wirkt."

Beobachten wir einmal folgende Situation:

„Gehen wir morgen Abend ins Kino?"
„Ja", antwortet sie.
Am nächsten Abend beginnt die Vorführung um acht Uhr, aber um halb acht fängt sie noch mit der Wäsche an oder sitzt mit aufgelöster Frisur im Hausmantel herum.
„Aber wir wollten doch ins Kino", wundert er sich.
In diesem Moment ist jeder Vorwand recht (das Wetter ist schlecht, lass' uns ein andermal gehen, es ist etwas spät, die Kinder sind aufgeregt).
„Aber du warst doch einverstanden!" (Und es ist nicht das erste Mal, dass du mir das angetan hast, im letzten Moment einen Rückzieher zu machen.)
Er macht den Fehler zu meinen, dass das „Ja" vom Vorabend sich auf das Kino bezog. Es kann aber tausenderlei bedeuten:
Ja; ich will dir heute Abend (das war der Vorabend) einen Gefallen tun.
Ja; sprechen wir nicht mehr davon.

Ja; ich wage nicht, dir heute Abend mit einem „Nein" zu begegnen.
Ja; du bist lieb, dass du mich ausführen willst.
Und so fort.

Es kommt auch vor, dass das Zuhören wie das Sprechen bei einem Paar schlecht verteilt ist: Der eine spielt die Rolle des Zuhörers, ja sogar des Sprechvorwands, der andere die des Gefühlsausdrucks. Jeder findet darin seinen Vorteil. Mehr Wechselseitigkeit in den Rollen würde diese jedoch bereichern.

Die Kommunikation bezieht sich auf einen anscheinend unüberbrückbaren Raum, der zwei Menschen trennt, sie auseinander hält. Sie bezieht sich auf die Unterschiede, und sie zielt darauf ab, diese zugunsten einer Annäherung zu verringern. Die Versuchung dabei ist, sich gerade in diesem Raum zu verlieren, ohne sich näher zu kommen.

Die verschiedenen Arten, zu fragen und zu bitten

> „Wir verlangen vom Unvorhersehbaren, dass es das Erwartete täuscht."
> *René Char*

Bei jedem Kommunikationsversuch ist es interessant zu beobachten, welche Art der Fragestellung wir am meisten benutzen. Das Frage-Antwort-Modell (soziokulturell sehr entwickelt) erscheint dabei als nicht sehr interessant. Analysiert man einmal, welche Form der Fragestellung im Dialog am häufigsten vorkommt, dann stößt man auf folgende Varianten:

- Geschlossen: Der andere kann nur mit Ja oder Nein antworten, und es gibt jedes Mal einen Bruch im Kommunikationsversuch.
- Indirekt: „Was denkst du von Herrn beziehungsweise Frau X?" (Ich habe meine Meinung über Herrn X und versuche, dir das mitzuteilen.)
- Induktiv: „Dir ist doch nicht zu heiß, Schatz?", „Du würdest heute Abend nicht gerne ins Kino gehen, oder?"
- Reflexiv: „Was würdest du von einer Frau denken, die mehrere Männer gleichzeitig liebt?"
- Negativ-schmälernd: Sie kommt ins Haus, die Arme voll beladen und außer Atem, und er sagt zu ihr: „Du hast doch hoffentlich nicht die Nudeln vergessen?"

Ich weiß nicht, ob Sie bemerkt haben, wie häufig wir negative Wendungen gebrauchen. Wir sagen nicht: „Es ist heiß", sondern: „Es ist nicht gerade kalt"; wir sagen nicht: „Er ist klein", sondern: „Er ist nicht sehr groß", und auf die Frage: „Wie war der Braten?" antworten wir: „Nicht schlecht."

Diese versteckte Negierung kann – wird sie wiederholt – eine Beziehung auflösen, weil man dem anderen laufend seine Mängel und Unzulänglichkeiten vor Augen führt, ihn mit dem konfrontiert, was er nicht tut, beziehungsweise hätte tun sollen. Wir zeigen somit eher unser Interesse für das, was der andere nicht ist, anstatt für das, was er ist.

Worte sind keine Taten. Wenn sie ihm sagt: „Ich möchte gerne allein sein", heißt das nicht gleich, dass er sie in Ruhe lassen und sich entfernen soll. Es ist vielleicht wichtiger für sie, dass er sich ihre Wünsche oder Ängste anhört.

> *„Klammert man sich an den Worten fest, so verweigert man das Sprechen. Will man sich der Sprache bemächtigen, so mindert man sie zu Worten herab, die zwar Ausdruck sind, aber ohne Sinn und Sein."*
> E. Amado-Levy-Valensi

Regeln und Verschlüsselung bei Botschaften

> *„Das Wort ist ein abgeschliffener Dietrich, der auf alle möglichen Gefühlsschattierungen passt."*
> Marcel Duchamp

Es gibt viele Möglichkeiten, sich von Informationen zu distanzieren, die man von sich selbst preisgegeben hat (indem man sie beispielsweise anderen zuschreibt), oder von echten Gefühlen, die man als zu schmerzlich und bedrohlich empfunden hat. Es ist eine Methode, weniger eigene Verantwortung in einen Austausch einzubringen, und auch, sich zu verteidigen.

Zu diesem Zweck eignen sich Verallgemeinerungen und das Gespräch über Dritte hervorragend.

„Wenn man jeden Abend mit einem Vorwurf empfangen wird, dann wird man ganz gewiss keine Lust haben, nach Hause zu gehen."
„Ich kenne Leute, die sich den ganzen Tag bei einer total öden Arbeit abschinden und dann bei der Heimkehr auch auf kein Verständnis stoßen ..."
„Hast du gesehen? Sie hat schon wieder einen neuen Mantel. Das sieht man, dass sie mit dem Geldbeutel locker umgeht."
„Die die Pille nehmen, bei denen weiß keiner, mit wem sie wirklich schlafen. Ich weiß nicht, wie die Ehemänner damit zurechtkommen."

Die „Pseudoeinbeziehung" benutzt eine von anderen gemachte Erfahrung und stellt sie dem Partner als eine wichtige Erkenntnis vor.

Das Verhalten des einen wie des anderen besteht besonders zu Beginn einer Beziehung aus impliziten Botschaften, die jene Beziehungsmodalitäten festlegen, aus denen dann die mehr oder weniger anerkannten Regeln werden.

> „Ein Junge hat sein erstes Rendezvous mit einem Mädchen, das zwanzig Minuten zu spät kommt. Lassen wir einmal die (sehr wahrscheinliche) Möglichkeit außer Acht, dass er bereits feste Vorstellungen bezüglich der Pünktlichkeit hat – dass man beispielsweise auf die Minute genau zu sein hat oder dass Frauen nicht pünktlich sind oder irgendein anderes Vorurteil. Stellen wir uns eher vor, dass die Neuigkeit der Erfahrung, verdoppelt von der Überzeugung, dass Mädchen übermenschliche oder gar engelhafte Wesen sind, ihn in allem, was sie tut, ein Gesetz des Universums sehen lässt. Er wird sich also hüten, wegen der zwanzig Minuten eine Bemerkung zu machen.
> Indem er die Verspätung nicht erwähnt, hat er bereits die erste Regel in ihre Beziehung eingebaut: Sie hat jetzt das „Recht", sich zu verspäten, während er „kein Recht" hat, sich darüber zu beklagen. Tatsächlich könnte sie ihn später einmal, sollte er ihr Vorhaltungen deswegen machen, ohne weiteres fragen: „Wie kommt es, dass du dich nicht schon eher darüber beklagt hast?""

Bei jedem Austausch von Botschaften, ganz gleich welcher Art, wird damit die Zahl der möglichen folgenden Bewegungen eingeschränkt. Selbst wenn ein bestimmtes Ereignis keinen Anlass zu einer ausdrücklichen Anspielung gibt, ganz zu schweigen von einer Billigung, schafft doch die einfache Tatsache, dass es sich so zugetragen hat und stillschweigend hingenommen wurde, einen Präzedenzfall und damit eine Regel. Das Missverständnis wird unweigerlich aufgedeckt, denn diese Regel ist ja nur einem der Partner bekannt und nur auf einen angewandt – ohne dass dieser Bescheid wüsste. Wir sehen, welche Frustrationen sich daraus ergeben können. Das Übertreten einer solchen „Regel" wird zu einem unerträglichen oder zumindest fehlerhaften Verhalten.

Das beweist die Unsinnigkeit von Arrangements wie „freie Beziehung", in denen beide Partner angeblich „frei sind zu tun, was sie wollen", obwohl sie doch zusammenleben.

Wir kommen später im Kapitel über Pseudoverträge noch einmal darauf zurück.

> *Der Köder ist, sich unablässig den scheinbaren Forderungen des anderen anzupassen, um ihm gefällig zu sein oder sich selbst gut dabei zu fühlen (ohne je zu entdecken, was er in Wirklichkeit will).*
> *„Was willst du? Sag mir, was du willst, dass ich dir sage."*

Es gibt bei einem Paar noch jede Menge anderer impliziter Regeln. Beispielsweise die, die verlangt, dass alles, was nicht ausdrücklich erwähnt wird, von dem, der es hört, als nicht „wirklich gesagt" angesehen werden darf, wobei es dennoch in irgendeiner Form (von dem, der es sagt) mit einzigartigem Nachdruck vermittelt wird.

„Was hast du am kommenden Wochenende vor?"
„Ich weiß noch nicht."

Der Fragende ist der Ansicht, dass er gefragt hat, ob der andere Zeit für ihn habe. Was den Befragten angeht, hat er „einfach" nur eine Bitte um eine Aussage gehört, ein Zeichen des Interesses an seinen Plänen. Diese Regel ist auch umkehrbar, wenn es nämlich darum geht, den Partner „zu treffen", ohne dass man wirklich das sagt, was der andere als Vorwurf oder als indirekte Forderung hört.

„Ich habe heute Nacht nach deinem Fortgehen schlecht geschlafen ..."
„Ich saß die ganze Woche wie auf Kohlen; du hast mich nicht angerufen."

3. Faktoren, die zur Entfremdung zwischen Partnern führen

Am Schnittpunkt liegt die Schwierigkeit, die eigenen Grenzen zu erkennen, den eigenen Bereich, die eigenen Bedürfnisse, indem man sie verwechselt, sie untergehen lässt, sich immer als Teil eines Plurals ausgibt:

> „Wir haben beschlossen, den Urlaub bei meiner Mutter im Süden zu verbringen."
> „Wir sehen uns gerne Filme an." (aber welche?)
> „Wir gehen sonntags nie aus."

Das Wir hindert einen in einem solchen Fall daran, eine eigene Position zu beziehen, den eigenen Standpunkt klar zu machen, sich mit dem anderen auseinander zu setzen. Es wird zu einem Garanten des Nicht-Konflikts; alles ist in Ordnung.

> *Die Sprache ist ein Versuch, eine stets unvollendete Wirklichkeit wieder aufzubauen, eine Botschaft zu gestalten, in der stets eine Bedeutung (unter allen möglichen Bedeutungen) fehlt.*

In einem Kommunikationsentwurf ist die Frage nicht die Bitte, aber sie kann der Anfang einer Bitte sein, eines offeneren, tiefer gehenden Austauschs, und jede Antwort auf der Ebene der Frage birgt das Risiko, dass sie das Hervorkommen der Bitte verhindert.

Wir könnten sagen, dass jede gestellte Frage eine Art Flaschenpost ist, die man in das Meer des anderen wirft und die an unvermuteten Stränden auftaucht.

Beispiel: „Wo isst du zu Mittag?"

- Information im Hinblick auf eine Verabredung,
- Beruhigung in Bezug auf eine Sorge (dieses „wo" kann zweideutig sein und eigentlich „mit wem" bedeuten).

Unter den Faktoren, die zur Entfremdung führen können, sehe ich auch die „Angewohnheit", Fragen in negativer Weise zu stellen, etwa in Form von Vorhaltungen oder Hinweisen auf Mängel des anderen.

> „Du sagst mir nie, was du denkst, was du fühlst. Du hast noch nicht einmal gesehen, dass ich eine neue Frisur habe; dass ich die Möbel umgestellt habe; dass ich die Gardinen gewaschen habe", und so fort.
> „Wir haben nie die Zeit oder das Geld, ins Restaurant zu gehen."
> „Du sagst mir nie mehr, dass du mich liebst."

Es ist möglich, dass der andere gesagt hat, was er fühlte, dass er sehr wohl das neue Kleid gesehen hat, das neue Aussehen, dass er gerne zum Essen ausgegangen wäre, dass er die Hingabe, das Opfer wahrgenommen hat. Er hat es vielleicht auf seine Art gesagt, mit seiner Scheu, seinen Defensivmechanismen ... und wurde seinerseits nicht gehört.

Es ist sehr wichtig, genau zu beobachten, wie sich die Dynamik des Bittens in einem Paar entwickelt. Es ist möglich, dass sich einer der beiden durch seine Bitten herabgewürdigt fühlt. In bestimmten Lebensbereichen werden so die Rollen verteilt: Bittsteller, Bittgewährer beziehungsweise -verweigerer, unausgesprochener Forderer. Im sexuellen Bereich nehmen diese Rollen gelegentlich eine ganz besonders intensive und starre Form an.

> „Du stellst nie Ansprüche; das bringt mich in Verlegenheit. Immer bin ich der Fordernde; ich fühle mich so als Schuldner und kann doch niemals meine Schuld abtragen."
> „Ich fühle mich von dieser nie ausgesprochenen ‚Schuld' gebunden, und ich nehme ihm das übel."
> „Wenn ich wage, es ihr zu sagen, habe ich gleich keine Lust mehr."

Es kann auch dazu kommen, dass man aufgibt, der Forderer zu sein, oder dass man den anderen dazu bringt, eigene Forderungen zu stellen.

„Hast du dich je gefragt, ob es mir gut geht?"
„Hast du dir je die Mühe gegeben zu erfahren, wie das beim Arzt gegangen ist?"
„Du hast mich nicht gefragt, wo ich gewesen bin."
„Interessieren dich die Ferien der Kinder überhaupt?"

Oft macht man den anderen durch sein Verhalten zum Bittsteller:

„Ich werde bei ihm Bedürfnisse erzeugen, damit er meine Angst stillt, nicht genug zu haben."
„Ich werde mir Bestätigung verschaffen, indem ich ihm alles gebe, was er verlangt."
„Ich werde ihm eine Menge Sachen vorschlagen, die wir zusammen tun können, damit er abhängig wird."
„Ich wollte verhindern, dass er die Entscheidung trifft, mich zu verlassen. Deshalb bin ich weggegangen."
„Ich wünschte mir das zwar, aber sie hat die Entscheidung getroffen, und das war das Unerträgliche. Ich habe das von ihr nicht akzeptieren können, obwohl ich es mir selbst gewünscht habe; das war der Anfang meines Leidens ..."

Der richtige Terror beginnt hingegen mit dem Ausfragen, vor allem, wenn derjenige, der viel zu sagen hat, schweigt, und wenn derjenige, der spricht, nichts zu sagen hat. Das verbissene Fordern dreht sich darum, genau die Antwort zu erhalten, die man nicht ertragen kann.

„Hast du es getan?" (ein Techtelmechtel mit einem anderen)
„Nein."
„Ich bin aber sicher."
„Du täuschst dich."

„Wie oft?"
„Nur einmal."
„Siehst du, wie du mich anlügst. Ich kann dir nicht mehr vertrauen", und so fort.
„Wie ist er?" (Dieses Spiel hat kein Ende, ebenso wenig wie der Schmerz, den es verursacht.)

„Ich bin seit fast dreißig Jahren verheiratet, und mein Mann hat neulich zu mir gesagt: ‚Du hast sie wohl nicht alle.'" Sie sagt das mit Tränen in den Augen, mit schmerzverzogenem Mund, der ganze Körper eine Frage: „Und Sie, glauben Sie, dass ich sie nicht mehr alle habe?"

> *Wenn du zu viel über mich sprichst, höre ich mich nicht mehr.*

Das Dramatische an diesem versuchten Austausch mit ihrem Mann ist, dass sie nichts anderes hören konnte als einen unberechtigten Vorwurf.

„Ich habe jetzt dreißig Jahre mit einem Mann zusammengelebt, der mich nicht kannte. Ich dagegen kenne ihn durch und durch. Ich weiß alles von ihm", fügte sie hinzu.

Was aber meinte er damit, als er zu ihr sagte: „Du hast sie nicht alle"? Vielleicht sagte er ihr eben: „Du kennst mich nicht; du hast nicht wirklich begriffen, wer ich bin, was meine Bedürfnisse sind, meine Erwartungen, meine Empfindlichkeit in diesem oder jenem Bereich ..."

Auf diese Weise verhindern die Worte durch ihren verletzenden, angreifenden Ton, dass ein Dialog entsteht. Ja, es ist natürlich der Empfänger der Botschaft, welcher ihr ihren Sinn gibt. Und unter allen möglichen Bedeutungen wählen wir ganz selbstverständlich die, die in den Bereich unserer geringsten Toleranz fällt. Die vorgeschobenen Wörter verhindern den Versuch des Austausches. Sie bestätigen, wie unmöglich es ist, sich zu begegnen und sich dort zu verstehen, wo beide sind – wo beide das größte Bedürfnis haben, gehört und wahrgenommen zu werden.

Die Worte der Verfolgung spiegeln unsere Widersprüche wider:

> „Du bedrängst mich".
> „Du ignorierst mich".
> „Du verlangst zu viel".
> „Du bittest mich um nichts".
> „Du hast kein Verlangen nach mir".
> „Du hast zu viel Verlangen nach mir"...

> *„Ich bin dir wegen dessen, was ich dir angetan habe, genauso gram wie wegen dessen, was du mir angetan hast."*
> *Truffaut, La femme d'à côté*

Die verschobene Kommunikation (verstellte Bitten und Antworten)

> *„Auch wenn er spricht, schweigt er trotzdem."*

In einem Theaterstück von Jean-Paul Wenzel mit dem Titel *Loin d'Hagondanges*, in dem es um das Leben eines Rentnerehepaares geht, geschieht Folgendes:

> Er: „Willst du mit mir ein Nickerchen machen?" (Er möchte körperlichen Kontakt, Wärme, will vielleicht mit ihr schlafen.)

Sie: „Nein, ich habe so viel zu tun; ich habe keine Zeit, weißt du ... ich bin nicht müde."

Er bittet sie um etwas, das sie nicht gerne gibt.

Später am Nachmittag kommt sie dann in seine Werkstatt, wo er am Werkeln ist, und bringt ihm ein Stück Kuchen, das frisch aus dem Ofen kommt.
Sie: „Schau mal, was ich für dich gemacht habe; das magst du ja so."
Ohne ein Wort nimmt er den Hammer und schlägt in den Kuchen. Sie gibt ihm reichlich etwas anderes, aber nicht das, was er erwartet.

Wir stoßen damit an das Paradoxon der Ohnmacht, das Leid zu akzeptieren, das man selbst dem Geliebten zufügt.
Ich muss dieses unvermeidliche Leid akzeptieren, das ich möglicherweise dem anderen zufügen kann oder das er sich durch mich zufügt, ohne mich mit meinem Schuldgefühl, mit meiner Scham, meiner Angst zu zerstören.
Wie viele Gewalttätigkeiten und wie viel verborgene Wut sind Ausbruch der Frustration, die uns der Alltag unausweichlich immer von neuem aufbürdet.

Er ist früh aufgewacht und hat sie verstohlen gestreichelt; er hat sogar geflüstert: „Ich will mit dir zusammen sein."
Sie schlief und hat sich noch etwas tiefer in den Schlaf sinken lassen. So blieb er wach liegen; macht sie dann später einen Vorstoß, wird er aufstehen oder sich ein Buch vornehmen...
Sie hatte ihre Art, sich ihm je nach Stärke seines Verlangens zu entziehen.

> *Das brachte einen Italiener, den ich kannte (er hatte ganz klar seine Vorurteile), dazu zu sagen:*
> *„Es heißt, dass die Männer auf hundert Arten mit einer Frau schlafen können; ich weiß, dass die Frauen tausend Arten kennen, um das zu verhindern."*

Er: „Ich bin heute Abend wie erschlagen." (Verschone mich, lass' mich heute Abend in Frieden).
Sie versteht: „Wenn ich ihn bitte, mit mir auszugehen, sich um mich zu kümmern, wird er gleich wieder denken, dass ich ihn vereinnahme, ersticke, dass ich zu viel verlange. Das stimmt aber doch gar nicht. Der Beweis: Ich fordere ja gar nichts, wo er so kaputt ist."
Sie kann jetzt fürsorgliche Aufmerksamkeit entfalten:
„Leg dich hin, ich werde dir was zu Essen machen, einen Kräutertee."
Später sagt er dann: „Ich war ganz schön geschafft, als ich heimkam. Jetzt ist es wieder vorbei; wir könnten ausgehen (hätten ausgehen können) ..."

Das bringt einen dazu, sich über die „geheime Buchführung" (siehe weiter hinten im Text) von Paaren Gedanken zu machen, über die seltsame Alchemie, in der ein „mehr oder weniger" vermischt wird mit: „Ich habe aber doch dies getan, und du hast das nicht getan", oder: „Du hättest es tun sollen, denn ich ...", und „während du ..., habe ich ..."

In dieser mehr oder weniger bewussten Buchführung wiegt das Geringste oft mehr als das meiste:

„Dein Nicht-Verlangen herrscht über mein Verlangen."
„Aber es ist doch meine Freiheit, Nein zu sagen oder auszudrücken, was ich gerade empfinde."
„Warum soll ich mich besudeln lassen von dem, was bei dir nicht in Ordnung ist, von dem, was dich schockiert oder dir missfällt."

„Ich will fröhlich sein, lachen; ich bin entspannt, und du hältst mich mit deinen ganzen Nöten davon ab."
„Deine Traurigkeit (oder deine Fröhlichkeit) sind unangebracht, wenn ich fröhlich bin (beziehungsweise leide)."
„Ich bin bestürzt über meine Gleichgültigkeit dem gegenüber, was dir widerfährt."
„Da ich alles will, kann ich über dieses alles hinaus nichts empfangen."

> *„Erst heute, nach achtzehn Jahren gemeinsamen Lebens, akzeptiere ich den Unterschied zwischen ihr und mir, ohne zu versuchen, ihn zu überbrücken, ihn aufzuheben, wie ich das bisher unablässig getan habe. Und das ist erschöpfend, so viele Jahre lang."*

Wenn Erwartungshaltungen und Gefühle verschieden sind

> *Die tief greifende Verschlechterung beginnt, wenn das Nicht-Verbindende stärker wird als das Verbindende.*

Jedes Paar riskiert zu vergessen, dass es in allen Fällen aus zwei einzigartigen Wesen besteht, die einander in Bezug auf ihren Rhythmus, ihre Bedürfnisse, ihre Erwartungen fremd sind.

Jean war für einen Monat auf einer Studienreise in Mittelamerika. Während seiner Abwesenheit hat Marie alle Aufgaben übernommen und ist sehr zufrieden mit sich.

Bei der Rückkehr ihres Mannes erwartet sie, dass er Freude zeigt, wieder zu Hause zu sein. Er dagegen hat von seiner Reise noch nicht Abschied genommen. Er hat viel erlebt, kommt voller Schwung zurück, trauert aber seinen Entdeckungen dort nach.

Sie erträgt weder die neue Vitalität noch die Reminiszenzen ihres Mannes; einige Tage nach seiner Rückkehr hat sie eine Depression.

Er hat nicht gespürt, dass seine Abwesenheit nicht wirklich akzeptiert worden war und dass der Preis dafür der hätte sein sollen, dass er sich dort elend und unzufrieden fühlte. Alles spielt sich so ab, als ob einer dem anderen sagen wollte: „Nur dein Leid kann mich für meines entschädigen."

Er hat auch nicht gespürt, dass seine Rückkehr idealisiert worden ist – die große Wiedersehensfreude – und dass sie darüber enttäuscht ist, dass er nicht anerkennt, wie gut sie sich allein geschlagen hat.

Was ihn anbelangt, hätte er es vielleicht lieber gehabt, dass sie in seiner Abwesenheit weniger gut zurechtgekommen wäre.

„Ich verlange zu viel ... ich habe nichts zu geben."

Der Rhythmus

> „Mein Rhythmus beziehungsweise mein Bedürfnis ist eine kleine Geste der Zärtlichkeit, ein Kuss – nicht gleich eine ganze Lawine davon."

Abweichungen treten auch bei den Lebensrhythmen, Worten, Anregungen auf. Der eine sagt:

„In meiner Partnerschaft läuft alles mit fünfzig Sachen; ich dagegen spüre, dass ich volle achtzig oder hundert Sachen bringen könnte."

Ein anderer:

„An den Abenden, an denen ich allein bin, ist es toll, was ich alles ohne Ermüdung schaffen kann; ich habe nie das

Bedürfnis, mich hinzulegen. An den anderen Abenden verzettle ich mich, nutze mich ab, ohne etwas zu erreichen ... So stirbt die Zeit" (und die Beziehung allmählich auch).

> *„Ich mühe mich ab, nach seinem Stundenplan*
> *zu leben,*
> *dabei spüre ich, dass meine Wünsche keine Uhr*
> *kennen."*

„Um es klar zu sagen: Wenn ich ihn brauche, ist er nicht für mich da, und wenn er dann für mich da ist, ist es zu spät. Das klingt dumm, aber so empfinde ich es nun mal, und das ist frustrierend ..."

„Er verlangt von mir, was ich nicht habe; ich werde also verzweifelt mit allen Kräften versuchen, es ihm zu geben (ohne ihm zu sagen, dass ich es nicht habe). Da er es von mir verlangt, muss ich es wohl haben. Dafür liebt er mich. Er liebt mich also für das, was ich nicht habe."

„Ich suche einen starken, echten, ehrlichen Mann, denn ich fühle mich weder stark noch echt, noch ehrlich. Und wenn ich ihn gefunden habe, werde ich den Unterschied noch stärker spüren – er wird bemerken, was ich alles nicht habe, und das kann auf die Dauer nicht gut gehen."

„Alle meine Beziehungen gründen auf der Angst zu enttäuschen, darauf, dass der andere bemerkt, dass ich nicht wie er bin ... und dass er mich dann zurückstoßen wird."

Und sie wird sagen: „Er weist immer das, was ich ihm geben kann, zurück. Da versuche ich dann, ihm mehr als reichlich das zu geben, was ich nicht habe, und alles, was ich habe, erstickt mich, weil ich es als etwas Unnützes bei mir behalten muss."

Die Zeit

Das gegenseitige Nicht-Verstehen bei einem Dialog entsteht auch dann, wenn jeder von einem anderen Zeitempfinden her spricht. Meistens sind es Überschneidungen, das Eindringen des unmittelbar zuvor (negativ) Erlebten in die Gegenwart.

> Jean spricht mit Marie „hier und jetzt" (Dienstag um acht Uhr abends):
> „Was hieltest du davon, wenn wir diesen Sommer in die Berge gehen?"
> Und Marie antwortet Jean in Anknüpfung an das, was „anderswo und gestern" (Montag um elf Uhr vormittags) war: „Du bist sowieso nie mit mir einverstanden. Mach, was du willst."
> Marie steht noch unter dem Eindruck einer zurückliegenden Frustration oder Wut, während Jean in einer ganz anderen Geistesverfassung ist. Er wird sich keinen Reim auf Maries Antwort machen können, wird verletzt sein, und die innere Zeitverschiebung wird wahrscheinlich in gegenseitige Verweigerungen münden.

Missverständnisse aus innerer Zeitverschiebung haben auch etwas mit dem Nicht-Erkennen der Veränderung beziehungsweise der Entwicklung des anderen zu tun.

> „Da er letztes Jahr nicht wollte, dass jeder von uns sein eigenes Zimmer bekommt, glaube ich ihm jetzt auch nicht, wenn er sagt, dass er es nun doch so haben will. Er gibt entweder meiner Bitte statt oder er will mich auf die Probe stellen."

Dabei hat er sich in diesem Jahr in die Richtung entwickelt, die sie ihm aufgetan hatte. Wir benutzen oft diese gefährlichen Wörter „immer" und „nie", wenn wir vom anderen sprechen, und nageln ihn damit auf seine früheren Einstellungen fest.

"Immer" und "nie" kommen oft mit Vorwürfen zusammen, die ja an Gewicht verlieren würden, wären sie auf nur einen präzisen Moment bezogen.

"Wir sind seit drei Monaten nicht im Kino gewesen" wird zu "Wir gehen niemals aus".

Oft hat dieses Eindringen der Vergangenheit einen Bezug zu den Elterngestalten, die jeder der beiden Partner verinnerlicht hat. Es wird dann um so schwerer zu bewältigen sein ...

> *Meine Großmutter behauptete oft:*
> *"Die schwierigste Freiheit ist die, zwischen mehreren Vergnügen zu wählen, das ist viel schwerer, als eine Auswahl zwischen mehreren Zwängen zu treffen."*

Blindheit, Taubheit und Voreingenommenheit

> *Derjenige, der etwas hört beziehungsweise erhält, gibt der Botschaft ihren "Beziehungssinn". In der Tat kann mein "Ich liebe dich" als Zeichen meiner Liebe, als Klage oder als zusätzliche Aggression empfangen und gehört werden – es hinterlässt in der Beziehung einen Eindruck mit einer ganz bestimmten Bedeutung.*

Wir alle neigen dazu, im Gespräch mit dem anderen – ohne es unbedingt zu wollen – die Elemente auszuwählen, die wir hören wollen (Verstärkung) beziehungsweise die wir überhören wollen (Minderung).

Manche hören nur das, was sie verletzt, und überhören die bestätigenden Aspekte. Andere vermeiden hauptsächlich, das zu hören, was sie stören oder ihnen weh tun könnte.

Derjenige, der sich ausdrückt, wählt ebenfalls aus und wird ungenauer, indirekter bei den Punkten sein, von denen er annimmt, dass sie der andere nur schwer annehmen wird.

Er erzählt die folgende Geschichte:

„Meine Frau kommt eines Abends nach Hause und erklärt: ‚Jetzt ist Schluss; ich will nicht mehr mit diesem Typ zusammenarbeiten.'"
Sie sagt mir, dass sie sich zu ihrem Chef sehr hingezogen und ihm sehr nah fühlt, dass aber dessen Frau das nicht gerne sieht. Ihr Chef hat sie gebeten, die Abteilung zu wechseln. Sie hat lieber gekündigt. Ich war platt, als ich das gehört habe.
„Du hast mir nie etwas über deine Beziehung mit deinem Chef erzählt."
„Doch, sehr oft."
„Ich dachte, dass du nur deine Arbeit gerne mochtest."

Sie liebte den Chef.
Er glaubte, dass sie ihre Arbeit mochte, und im Übrigen übergeht er im Gespräch das „Jetzt ist Schluss" und legt viel mehr Gewicht auf das „Ich arbeite nicht mehr". Nun ist es aber gerade der übergangene Teil, der für sie das Wichtigere ist: „Zwischen ihm und mir ist es aus, denn seine Frau sperrt sich, und er hört auf seine Frau."
Sie werden einen Teil der Nacht darüber sprechen, ob sie sich eine neue Arbeit suchen soll oder nicht.
Seine Voreingenommenheit gegenüber bestimmten Aspekten des Gesprächs wird Folgen für ihre Beziehung haben. Es ist wahrscheinlich, dass seine Frau sich gerne über ihre Beziehung und besonders über das Gefühl der Zurückweisung aussprechen möchte, das sie gerade erfahren musste.

> *Bei einem Paar ist das Zuhören oft an ein „Grundgefühl" gebunden, das wir vom anderen erwarten – dass wir angenommen, gehört und erkannt werden, so wie wir sind. Möge uns der andere genauso nehmen, und nicht anders.*

Um den anderen oder mich selbst zu beruhigen, schaffe ich es mithilfe einer objektiven Bemerkung, das Gefühl, das er auszudrücken versucht, zu verneinen:

„Ich bin heute Abend niedergeschlagen."
„Aber dafür gibt es doch keinen Grund; du solltest dich stattdessen über dieses oder jenes freuen."
„Die Wirklichkeit beruhigt nicht ... im Gegenteil" (sagte meine Großmutter). Mit anderen Worten: *das Offensichtliche ist nicht immer offenbar.*

„Ich bin ein brillanter Mann, bewundert, selbstsicher in meinem Auftreten; man hört auf meine Meinung. Ich bin aktiv und schaffe, was ich mir vornehme. Aber nur bei meiner Frau habe ich das Gefühl, dass mir wirklich jemand zuhört.
Ihr kann ich sagen, dass ich das Gefühl habe, im Leben versagt zu haben, ohne dass sie mir meine äußeren Erfolge vor Augen führt.
Ich kann ihr sagen, dass ich mich schuldig fühle, nicht genügend an meiner Doktorarbeit zu arbeiten, ohne dass sie mir entgegenhält, ich arbeite bereits mehr als genug.
Ich kann ihr meine Ängste eingestehen, ohne dass sie sofort entgegnet, dass im Gegenteil meist ich es bin, der die anderen beruhigt ..."

Gefühle haben wenig mit der „objektiven Realität" oder der Realität des anderen zu tun; Empfindungen haben keine Logik, sie sind irrational.[14]

> „Wir verfehlen einander, verpassen einander, finden einander nicht.
> Will der eine sprechen, hört der andere nicht zu.
> Lächelt der andere, runzelt der eine die Stirn.
> Und dieses niederträchtige ‚Ich liebe dich', das immer mit ‚Ich' anfängt!
> Es würde besser gehen, wenn wir zueinander sagten ‚Du wirst geliebt',
> ohne dass man jemals wieder gleich von sich als Erstem spricht."
> Chanson von P. Tisserand

Wie viele Missverständnisse, Ungeschicklichkeiten, falsche Versicherungen gründen auf dem Vergessen des Unterschieds zwischen der Logik und dem Gefühl.

„Ich hätte es so gerne, dass du dir meine tiefen Gefühle anhörst, das, was ich erlebe, auch wenn du es nicht erlebst, selbst wenn es dich verletzt, dass ich so etwas denken kann ..."

Das Zuhören erzeugt manchmal ein negatives Gefühl beim Sprechenden (der gehört werden will):

„Ich habe den Eindruck, dass ich ins Leere spreche, dass dich das nicht berührt, dass all das für dich nicht wichtig ist ..."

---

[14] Der „gesunde Menschenverstand", das so oft beschworene „Mit-beiden-Füßen-auf-dem-Boden-stehen" stößt sich an der Willkür des unlogischen und irrationalen Unbewussten.

Jeder wünscht sich, begleitet, verstanden und in seinen Gefühlen unterstützt zu werden; man will keinen Ratgeber oder Logiker, der einem zeigt, wie man es besser beziehungsweise anders machen könnte, oder wie man anders sein könnte.

Der Groll

> *Die Enttäuschung zu füttern trägt wesentlich dazu bei, den Groll zu nähren.*

Es ist nicht möglich, dass es bei einem Paar nur auf einer Seite Groll gibt, gerade wegen des Aufstauens und der Wiederholung der Missverständnisse und des Unverständnisses.
Wie drückt sich dieser Groll aus?

verneint?
verborgen?
verzerrt?
maskiert, verschoben?

Das Wort „Rache" hat etwas mit „Riechen" zu tun; irgendetwas „stinkt", ist alt und faul geworden. Der Groll ist die Erinnerung (das Wiederkäuen) an eine Verletzung, an eine Erniedrigung, eine Frustration; er enthält den Wunsch, dem anderen das Erlittene heimzuzahlen.

Pierre ruft Jeanine an:
„Bist du heute Abend frei? Ich möchte dich gerne besuchen."
Jeanine drückt ihren Groll aus:
„Nein, du hattest letzte Woche keine Zeit, als ich Zeit hatte; du brauchst also heute Abend nicht mit mir zu rechnen."
Jeanine drückt ihren Groll nicht direkt aus:

„Nein, ich bin es nicht. Schade; es hätte dir Freude gemacht, nicht wahr?"

Sie müssen ausgehen. Er hat Verspätung. Und als er ankommt, sagt sie nichts und schluckt ihren Groll herunter. Aber er ist schwer zu verdauen. Im Auto wundert er sich: „Bist du böse auf mich? Aber was hast du denn?"
Sie platzt ... und er versteht nicht, weshalb sie ihm so den Abend verdirbt. Er möchte fast glauben, dass sie den Streit gesucht hat.

Im Groll entstehen und tummeln sich Gedanken wie: „Ich bin ihm wegen seiner Arbeit gram und er mir wegen meiner Beziehung zu Mutter."
„Ich grolle ihm, weil er verführerisch ist (und nur allzu oft von anderen verführt wird), und er grollt mir, weil ich traurig, niedergeschlagen, quengelig, krank bin ... in seiner Gegenwart."
„Ich grolle ihr, weil ich mir Dinge versage, im Stillen gelitten habe, ja vor allem, weil sie es nicht wusste." Und sie entgegnet, ohne es zu sagen:
„Ich grolle ihm, weil er alles für sich behält, sich nie ausspricht; weil ich nicht weiß, wo er steht, was seine wahren Gefühle sind ..."

> *Wenn das Tentakelnetz der verfilzten Frustrationen sich in allen Lebensbereichen ausbreitet ...*

Er kommt müde an (vielleicht mit dem Wunsch, Mitgefühl zu wecken oder in Schutz genommen zu werden). Sie aber ist an dem Abend fröhlich, verspielt, glücklich. Er wird ihr das verargen und ihr den Abend mit seinem Schmollen, seinem Schweigen, seiner Brüskheit verderben.

Der Groll kommt auch von widersprüchlichen Erwartungen und unserer Zweideutigkeit im Hinblick auf das „Soll und Haben" des anderen.

> „Sie hat, was ich nicht habe und was ich an ihr so bewundere; es ist im Grunde das, was mich angezogen hat ... aber ich verüble ihr, das sie es hat."
> „Ich habe gesehen, wie ruhig und ausgeglichen du warst. Du hattest studiert, du interessiertest dich für eine Menge Sachen, und ich fühlte mich schlecht dabei."

Und damit bin ich wieder bei meiner „schwierigen Art", bei meinen Widersprüchen, meiner mangelnden Kultur ...
Je perfekter du bist, je ruhiger, zuvorkommender, desto mehr grolle ich dir, denn es führt mir meine Schwierigkeiten vor Augen.

> „Ich habe versucht, ohne Fehler zu sein, so wie du es wolltest (oder so wie ich glaubte, dass du mich liebtest). Ich habe versucht, mich zu verändern, und bin dir dafür gram, denn du hättest mich so nehmen sollen, wie ich war."
> „Verübeln tue ich dir das alles aber, weil ich wohl weiß, dass du mich nicht so liebst, wie ich wirklich bin (wie ich mich im tiefsten Inneren fühle)."

Sie kann zu ihm sagen (persönliche Ebene):
„Georges, unser Sohn, liebt dich mehr als mich."
Sie kann auch sagen (soziale Ebene):
„Ich bin glücklich, dass mein Sohn seinen Vater liebt, dass sie einander gut verstehen."
Sie kann ihm nicht ihren Schmerz, ihre Gespaltenheit mitteilen (innerer Dialog):
„Und ich verüble dir, dass du das unterstützt. Mein Sohn weist meine Zärtlichkeit zurück. Zwischen ihm und dir geht alles gut; mit mir läuft gar nichts oder nur, wenn ich mir sehr viel Mühe gebe."

> „Er war ein schwarzer, trauriger, lebloser Vogel. Ich wollte ihm das Leben zurückgeben, ihn retten und mit ihm ein glückliches Paar sein. Ich fühlte mich für sein Glück verantwortlich. Ich habe alle seine Launen ertragen, alle seine Depressionen. Ich habe mich ihm Jahre lang zur Verfügung gestellt.
> Den Grund seines Grams habe ich erst zehn Jahre später erfahren: Eine andere Frau hatte ihn verlassen.
> Da habe ich ihm eine Szene gemacht; ich hätte ihn in Stücke reißen können ... als ob er mich dadurch betrogen hätte, dass er ausgerechnet eine Frau liebte, die ihn im Stich gelassen hat."

Der Groll ernährt sich von vergangenen Enttäuschungen in vielen kleinen Einzelheiten, die mehr oder weniger unbedeutend waren (Worte, Blicke, Gesichtsausdrücke, Gesten, die alle immer wieder einen Mangel, eine Unzulänglichkeit, eine Abwertung vergegenwärtigen, die sich seit langem in der Beziehung eingenistet hatte). Die Enttäuschung entsteht in Situationen, in denen der eine genau das Gegenteil der Einstellung zeigt, die der andere glaubt, „zu Recht" erwarten zu können.

> Er kommt beispielsweise spät und müde heim. Er möchte willkommen geheißen werden. Sie sagt: „Ich habe bis jetzt auf dich gewartet. Jetzt gehe ich zu Bett."

Manchmal wären klärende Gespräche als Katharsis angebracht, um eine Vergiftung zu vermeiden, jene „Beziehungsverschmutzung", die sich aus dem gemeinsamen Leben ergibt.

> *Die Dynamik des Streichholzes oder wie man es erreicht, oft frustriert zu sein. Kennen Sie auch solche Menschen, die ein Streichholz anzünden, und es, da sie es nicht herumliegen lassen möchten, wieder in die Schachtel zurückstecken? Jedes Mal, wenn sie dann in der Schachtel fischen, holen sie meistens ein abgebranntes Streichholz heraus. Aber selbst ihre Enttäuschung hindert sie nicht daran, diese Praxis fortzusetzen.*

C. Roy spricht von einer unablässigen Alchemie, die das zurückgewiesene Gefühl in Groll verwandelt, die verweigerte Liebe in Verzweiflung, die verratene oder mutmaßlich verwelkte Liebe in Hass. Die Kommunikation zweier Liebender, so voller Empfindungen, ist empfindlich. Ein Schatten, ein Windstoß, eine wirkliche oder auch nur imaginäre Drohung, und schon kränkelt sie, und der Austausch verkrampft sich durch Angst, verzerrt von Mutmaßungen, vergewaltigt von unterschwelligen Anschuldigungen.

Wenn uns die Gegenwart auf die Vergangenheit zurückwirft, versuchen wir nur allzu oft, entweder unverheilte Wunden zu pflegen oder sie wieder aufzureißen, daran zu kratzen, sie offen zu halten, um uns so unser Leid zu bestätigen.

- Warum habe ich nicht, was ich brauche?
- Warum ist mir nicht das Wesentliche gegeben worden, ohne dass ich darum betteln musste?
- Warum so viel Warten, enttäuschte Hoffnungen, Schmerzen, Undankbarkeit?
- Der, den ich so geliebt habe, der mir alles bedeutete – warum hat er mich nicht geliebt, akzeptiert, befriedigt?

> *Wenn ich Nein zu meiner Lebensfreude sage, wozu soll ich dann noch Ja sagen?*

- Warum musste ich mit Kälte, Rachsucht, Hass, Weigerung reagieren, und warum habe ich mir so viel Mühe gemacht, ihn aus meinem Leben zu verbannen?

„Er überschüttet mich mit Aufmerksamkeiten, Geschenken und Fürsorge. Er ist zu lieb, immer zuvorkommend, und ich fühle mich nicht wohl dabei. Ich habe den Eindruck, dass ich es nicht verdiene, dass er mir damit einen Wert verleiht, den ich gar nicht habe, und das verüble ich ihm. Deshalb lasse ich mir keine Gelegenheit entgehen, ihm Vorhaltungen zu machen, mich ihm zu widersetzen, das, was er tut und ist, infrage zu stellen. Ich setze alles daran, ihm meine eigenen Selbstzweifel, meinen unerträglichen Unwert aufzudrängen, sie ihm immer wieder vor Augen zu führen ..."

Gegen all das, reaktiviert und immer wieder aufgetischt in meiner gegenwärtigen Beziehung, verteidige ich mich durch Abstand, durch Vergessen, Vergnügungen, Verdrängung oder Groll.

Zusätzlich werde ich versuchen, meine Vergangenheit wieder aufleben zu lassen und sie in meine gegenwärtige Beziehung mit dem gewählten Partner einzufügen.

> *Hass und Schuld können sehr machtvolle Bande sein, quasi unzerreißbar, weil sie aus verschiedenen Quellen gestärkt werden.*

Indirekte Aggressivität

> *Dafür, dass ich nicht tue, was ich eigentlich gerne möchte, geht es mir recht gut;*
> *ich bewahre mir so meine Unzufriedenheit, die ich dann auf den anderen projizieren kann.*

Zusammen mit der Angst vor direkter Aggressivität, die oft als auflösend und endgültig empfunden wird, lässt sich die indirekte Aggressivität auch als Bitte und Aufruf verstehen. Sie drückt sich in einem Paar in vielfältiger Form aus.

Die indirekte Aggressivität ist vielleicht viel schädlicher als offene Konflikte. Sie manifestiert sich in verschiedener Weise in Wiederholungsverhalten:

„Du bist frei; mach', was du willst ... aber sieh dir an, was durch deine Schuld aus mir geworden ist."
Sie wird sagen:
„Ich verstehe sehr wohl, dass du nicht für mich da bist, dass du dich nicht mit mir belasten willst. Im Übrigen will auch ich unabhängig sein. Ich möchte mich nicht entfremden, von dir mehr erwarten, als was du zu geben bereit bist.
Ich habe mir die Freiheit genommen, von der du wolltest, dass ich sie mir nehme. Ich habe sogar einen Liebhaber, mit dem ich jetzt in einem schlimmen Schlamassel stecke (deinetwegen). Ich liebe ihn, und er liebt mich nicht mehr; das ist alles deine Schuld."
„Du wolltest, dass ich unabhängig bin; jetzt bin ich's und ich leide darunter – deinetwegen."
Sie ist unterwegs und ruft ihn zu Hause an:
„Hallo, geht alles gut zu Hause? Was tust du heute Abend?"
„Ach, ich langweile mich, wie immer. Du weißt, ganz alleine macht das keinen Spaß. Und du, gehst du aus?"

Alles spielt sich so ab, als ginge es darum, den anderen für das ‚Vergnügen', das er mutmaßlich hat, bezahlen zu lassen, indem man sich beklagt, dass man keins hat.

„Was hast du da an der Hand?" „Ach, nichts; ich habe mich beim Holzsägen verletzt. Der Vorrat war ausgegangen, denn du hattest ja keine Zeit gehabt, dich darum zu kümmern, und ich wusste, dass du bei der Heimkehr gerne ein Feuer im Kamin haben würdest."

Ich bestrafe mich beziehungsweise dich durch das, was ich gebe.
Ich bestrafe dich, indem ich dir ein Schuldgefühl für das Vergnügen gebe, das du (ohne mich oder anderswo) haben könntest.

„Ich mache alle diese Überstunden, damit wir uns den Urlaub leisten können, den du dir gewünscht hast. Ich bin zu müde, um dich heute Abend zu lieben."

Indirekte Aggressivität gibt es auch:

- Durch unterlassene Handlungen (das funktioniert am besten): Vergessen, in der Werkstatt anzurufen (sie meint, darum könne er sich selbst kümmern), Geburtstage oder Jahrestage (Hochzeitstag) vergessen, Dinge verlegen, zerbrechen oder Unfälle haben, gemeinsam beschlossene Projekte[15] vergessen.
- Durch Krankheit oder Unpässlichkeit („Sieh bloß, was du mir angetan hast.") und eine ganze Reihe von Ticks und Manien, die im Leben eines Paares herumgeistern: „Etwas liegt mir im Magen", „Habe so eine Magenverstimmung", Migräne, Müdigkeit (beim

---

[15] Das Fehlen eines gemeinsamen Projekts führt bei einem Paar zu einer starken Entfremdung. Jeder hat etwas mit dem anderen vor, für den Anderen vor, keiner jedoch baut an einem gemeinsamen Projekt. Auch die Erneuerung und Weiterentwicklung der Beziehung ist ein solches gemeinsames Projekt.

Ausgehen, bei der Liebe), das Spaßverderben durch eine „alte Kamelle" an einem Urlaubstag, in einem Augenblick der Entspannung.
- Durch Berichte von einem anderen Paar:
Sie berichtet, wie ihre Freundin Julie unter dem Schweigen, den Abwesenheiten, dem Schmollen ihres Mannes leidet.
Oder aber, was für ein Glück ihre Freundin Paula hat, solch einen aufmerksamen und zuvorkommenden Mann zu haben.
Er spricht sich lobend über Nachbarn aus, die so aufgeweckte, so sensible Kinder haben ... Bei einem Paar kann das häufige Verweisen auf Dritte (Gegenstand der Wünsche und Ängste) auch die Kommunikation untereinander ersetzen. Dieser Dritte spielt die Rolle des „Themenableiters"; indem man von ihm spricht, vermeidet man, miteinander zu sprechen.

Nicht ausgedrückte Gefühle ließen sich manchmal folgendermaßen zusammenfassen:

„Für wen (was) hältst du mich eigentlich?"
„Wer beutet wen aus?"
„Wer tut wem Gewalt an?"
„Weißt du wirklich, wer ich bin?"

„In der Hausfrau steckt die Bestie" (Titel eines Buches von M. Chappaz), niedergedrückt von den zermürbenden, endlosen Routinearbeiten ... und den von Kindesbeinen an eingedrillten Rollen, die der andere (hier der Mann) fortschreibt:

Mädchen für alles,
Ruhestörerin oder Hausdrachen,
oder Brotverdienerin...?

Gleichgültigkeit macht, dass die Zeit dahingeht und die Beziehung sich in kleinen Schritten sang- und klanglos auflöst, wenn keiner Gefallen daran oder den Wunsch hat, den Austausch lebendig zu halten und für den anderen eine belebende Anregung zu sein.

„Unmögliche Botschaften"

> *Es ist einer der Nachteile der menschlichen Kommunikation, dass die spontane Befriedigung durch einen anderen nicht erlangt werden kann, ohne dass man ein „Paradox des Misserfolgs" erzeugt.*

Diese sind in der Liebesbeziehung beziehungsweise in engen Beziehungen häufig, in denen das Verlangen oft nach dem des anderen ausgerichtet ist.

- Wenn ich meine Ängste auf den anderen übertrage (anstatt mit ihm darüber zu sprechen).

„Ich habe Angst vor meinem Geschlechtsteil (man hat mir immer eingeredet, dass das ‚schmutzig' sei), aber ich sage, dass es der andere ist, der nicht versteht, die richtigen Gesten zu machen, der sich nicht beziehungsweise zu sehr dafür interessiert und nicht genügend für mich."

- Wenn ich ihn bitte (ohne es auszusprechen), mich zu bitten:

„Ich möchte, dass du mich bittest, dich zu lieben ... Ich möchte, dass du mich begehrst."

Spreche ich die Bitte aus, wird sie hinfällig, denn sie besteht ja gerade darin, dass ich nicht bitten muss.

Sie braucht einen Beweis der Zuneigung von ihrem Partner und wird schließlich sagen:

> „Ich hätte es gerne, wenn du mir ab und zu einmal einen Blumenstrauß bringst."

Diese durchaus verständliche Bitte ist paradoxerweise, kaum ist sie formuliert, zum Scheitern verdammt. Kommt der Partner dem Wunsch nach, wird sie sich unbefriedigt fühlen, weil das „ja nicht wirklich von ihm kommt".

Vielleicht aber hat er auch die Bitte nach Aufmerksamkeit und Zärtlichkeit vernommen, auf die er nun seinerseits eingehen, sie beim Partner umsetzen muss, ohne sich von einer Weigerung oder einer zusätzlichen Klage davon abbringen zu lassen.

Wir haben bisweilen unmögliche Bitten – insofern als sie für den anderen unannehmbar sind, weil sie zu viel Angst und Wagnis mit sich bringen.

> „Akzeptiere alles, was ich tue, wenn du mich liebst, ohne mir deswegen gram zu sein ..."
> „Mach dir keine Sorgen wegen dieser Beziehung (die ich mit einer anderen habe); du weißt, dass du mir wichtiger bist."

Ich möchte, dass du so oder so bist, was du aber nicht wolltest oder nicht konntest.
Wir wollen oft, dass der andere etwas anderes ist (aber das ist natürlich unmöglich).

- Wenn die Bitte etwas mit einem Mangel des anderen zu tun hat (das, was er nicht hat, was ihn nicht interessiert):

  > „Du könntest Interesse zeigen für das, was ich mag (Jean-Paul Sartre, die russische Literatur, Science Fiction, Comics), oder ein paar Kilo abnehmen ..."

- Wenn die Bitte etwas mit einem eigenen Mangel zu tun hat, nimmt sie die Form einer Klage oder Attacke an:

  „Du gibst mir nicht die Zärtlichkeit, die ich brauche (und ich bin dir deswegen gram)."
  „Du siehst nicht, was mir Freude bereiten würde, nämlich zu Hause zu bleiben, anstatt immer in der Gegend herumzuflitzen ..."

Alles, was mir fehlt, enthält sie mir vor, und ich wandle daher meine lauten und leisen Bitten in Vorwürfe um.

- Wenn die Kommunikation durch doppelte Botschaften stattfindet, auch englisch „double-bind" = Doppelzwänge genannt, so ist das entmutigend: Man bittet um etwas und annulliert die Bitte im gleichen Moment, indem man entweder die Antwort oder die Frage selbst abtut.

  „Ich möchte dir etwas sagen, aber ich weiß, dass du nicht die Zeit hast, mir zuzuhören, dass du nichts verstehen wirst, dass es nichts nützen wird."
  „Ich möchte ein Kind mit dir, aber ich weiß, dass es zu spät ist, dass du es nicht willst, dass ich zu alt bin ..."

Und er, der sich abrackert, könnte sagen: „Was soll ich denn sonst noch alles tun, um dich zufrieden zu stellen?"

„Ich will dir das schenken."
„Und wenn ich es nicht mag?"
„Ach, du stellst auch noch Bedingungen?!"
Der folgende Dialog führt nirgendwo hin:
„Liebst du mich wirklich?"
„Ja, sehr."

„Das ist nicht wahr, denn wenn du mich liebtest, würde ich es spüren; dann bräuchte ich dich gar nicht zu fragen."

Der eine, der „Fallensteller", unterdrückt den anderen, das „Opfer" (beide sind sich der Rolle oft nicht bewusst); es kommt gleichzeitig zu zwei Aufforderungen, die miteinander in Konflikt stehen, so dass man der einen nicht nachkommen kann, ohne die andere zu vernachlässigen. Aber der Widerspruch ist der Art, dass er nicht wahrgenommen wird und es nicht möglich ist, sich ihm zu entziehen, so dass eine solche Falle eine irrationale Reaktion herbeizwingt oder eine Antwort, die ihrerseits eine Falle darstellt und bei dem Adressaten ein Gefühl der Machtlosigkeit und des Unwerts erzeugt; bisweilen führt sie auch zu einem heftigen Ausbruch.
Es ist ein oft unbeabsichtigter Vorgang, der aber voller emotionalen Zündstoffs steckt.

Sie schenkt ihm zwei Krawatten, eine rote und eine blaue:
„Ich habe an dich gedacht; das sind ja die Farben, die du magst", sagt sie zu ihm.
Am nächsten Tag bindet er sich die eine um, die blaue, und sie sagt zu ihm:
„Ach, du hast nicht die rote genommen?"

Er sagt zu ihr, ohne sich seiner paradoxen Haltung bewusst zu sein:
„Hör nicht immer auf die, die dir sagen, was du tun sollst. Setz' dich durch, zum Kuckuck noch mal ..."
Was sagte nicht eine Hebamme zu einer Gebärenden:
„Drücken Sie sich nicht, pressen Sie!"

Das verbissene Vorhersagen des Unvorhersehbaren ist für manche Partner zumindest eine Teilzeitbeschäftigung.

„Ich möchte gerne, dass du dich mehr um dein Äußeres kümmerst, dich eleganter anziehst, aber ich möchte nicht, dass du es für mich tust oder nach meinem Geschmack ... Ich möchte, dass es von dir kommt, dass du es gerne meinetwegen tust."

„Sei also so spontan mit mir, wie du es mit anderen bist!"

„Halte dich gerade, aber streck die Brust nicht so 'raus!"

Tatsächlich gründet jede Ehebeziehung auf einem seltsamen Paradox – das sich in widersprüchlichen Botschaften entwickelt; wir drücken es im Großen und Ganzen dadurch aus, dass wir das *Zusammenbleiben wünschen müssen*.

Um dauerhaft zusammenzubleiben, gemeinsame Ziele zu erreichen, um etwas „aufzubauen, das mehr als wir beide ist" – „musst du wünschen, bei mir zu bleiben."

Die stillschweigende Aufforderung hebt den „Wunsch des Wunsches" auf, der andere Wege finden muss, andere Quellen, um ungebunden auf einen neuen „Wunsch des Wunsches" zuzufließen.

> *„Eine hemmungslose Suche beginnt, die kein Ende hat. Die Liebe, die versucht, sich zu zeigen, zeigt lediglich, dass sie keine Liebe mehr ist."*
> *Camille Roy*

Die Bedeutung der „gegenwärtigen Vergangenheit"

> *Bei der Begegnung von Mann und Frau gibt es stets ein Kind, das den Weg der Heimkehr einschlägt, auf der Suche nach einer verloren gegangenen ursprünglichen Einheit.*

Die Unermesslichkeit und Tiefe der Vergangenheit eines jeden Menschen sind im Leben eines Paares stets gegenwärtig, wobei in der Beziehungsdynamik häufig das Risiko der Wiederholung auftritt.

Diese unvermeidbare Gegenwart der Vergangenheit (wir brauchen lange Zeit, um zu entdecken, dass wir mindestens zu sechst im Bett sind, „um ein Kind zu zeugen"; manchmal noch viel mehr) drückt sich in Verhaltensweisen aus, die das Gewicht und die Macht der Elternbilder in sich widerspiegeln, die jeder in den verschiedenen Schichten seiner Persönlichkeit eingelagert hat.

„Ich habe jemanden gewählt, der das genaue Gegenteil meines Vaters war (er war ein gewalttätiger ‚Macho'). Mein Ehemann geriet nie aus der Fassung. Er war der Vater, den ich hätte haben wollen, aber nicht der richtige Ehepartner. Während drei Jahren Ehe bin ich Jungfrau geblieben; mit der Liebe hat es nie geklappt."

Die traditionelle Paarbeziehung, das heißt die auch noch heute häufigste, schreibt die Mutter-Sohn- und Mutter-Tochter-Beziehung fort.[16] Die Frau wird dem Mann dieselben Dienste leisten, die auch seine Mutter ihm geleistet hat: Sie ergänzt ihn (als bessere „Hälfte"), beruhigt ihn, ernährt ihn, unterhält ihn, widmet sich ihm, geht in ihrer Fürsorge für ihn auf. Verweigert die Frau diese Rolle, ändert sie ihren Lebensraum, bringt sie ihre eigenen Wünsche zum Ausdruck, fühlt sich der Mann beraubt, getäuscht, verraten, bisweilen verwaist, und das mit allem, was damit an Angst und Not (verborgen durch Fluchtreaktionen, Aggressivität und Verschlossenheit) verbunden ist. Dieses Fehlen von Wegweisern wird verstärkt von der Zweideutigkeit mancher Verhaltensweisen der „neuen Frau". Die Suche, die Forderung von Freiheit findet auch innerhalb einer verstärkten Suche nach emotionaler Absicherung statt. „Eine größere

---

[16] Siehe Christiane Olivier: *Les enfants de Jocaste*, Ed. Denoël/Gonthier.

Freiheit kommt stets um den Preis der Angst, das heißt der Regressionen."

Der Mann wird zugleich zurückgewiesen und dann wieder gesucht. Sie wird ihn als Beschützer zurückstoßen, wobei sie sich jedoch das Recht vorbehält, sich gelegentlich in seine Arme zu flüchten. „Lass' mich tun, was ich will, aber du musst für mich da sein.", „Lass' mich fort, aber behalte mich doch bei dir."

„Ich brauche Freiraum, persönliche Entscheidungen, Streicheleinheiten; bleib bei mir – es geht nicht darum, dich zurückzuweisen."

Die in uns verankerten Elternbilder, die wir in uns tragen, unterhalten oder auch verwerfen, sind die Ursachen von zahllosen Konflikten und Missverständnissen.

> Sie hat in der Familie die Wutausbrüche des Vaters erlebt, wenn sie oder die Mutter verspätet waren. Ihr Mann, Paul, ärgert sich nie, wenn sie spät dran ist. Sie bildet sich ein, dass er seine wahren Gefühle verbirgt (er sollte eigentlich diese Verspätungen nicht tolerieren und darauf reagieren). Sie wird ihn daher herausfordern, es auf die Spitze treiben, „bis er endlich explodiert".
> Sie hat einen Menschen geheiratet, der ganz verschieden von ihrem Vater ist, und wird alles tun, damit er so wird wie dieser.

Mit dieser „Rückspielsucht" wird sie sich viel Mühe geben, damit genau das eintrifft, was sie fürchtet.

Wir vergeuden unglaublich viel Energie, um das auszulösen und zu provozieren, was wir eigentlich nicht wollen. Der Mechanismus der Eifersucht ist in dieser Hinsicht sehr aufschlussreich:

> „Ich hatte gute Gründe anzunehmen, dass ich dir nicht genügen würde, dass du anderswo suchen würdest, mich verlassen würdest ... also habe ich aktiv daraufhin gearbeitet, dafür den Beweis zu erbringen."

„Sprich doch bloß mit mir! Du sagst nie etwas; alles was ich dir sage, verhallt im Leeren; du interessierst dich für nichts (was mich interessiert), du bist immer müde ..."

Er wird so seiner Partnerin gegenüber immer wieder dieselben Bitten aussprechen, die seine Mutter ihm gegenüber ausgesprochen hat: „Sei so, wie ich dich will."

Ein Paar zu bilden, FÜR oder GEGEN das Bild des Vaters oder der Mutter beziehungsweise des elterlichen Paares zu heiraten, kommt auf das Gleiche hinaus, denn man bittet den anderen auf jeden Fall mehr oder minder darum, sich zu verändern, um mehr oder weniger das Gegenteil oder das Abbild zu sein.

Daraus ergeben sich viele widersprüchliche Forderungen, die an den anderen mittels eines variantenreichen Wunsches herangetragen werden: meine Eltern (oder bedeutende Personen, die meine ersten Beziehungen darstellten und diese gestalteten):

so, wie sie waren,
so, wie sie hätten sein sollen,
so, wie sie fürchteten zu sein.

Es gibt kein vollständiges Entrinnen vor seinen „ersten Wünschen".

Er hatte eine strenge, hingebungsvolle, vernunftbetonte Mutter, die Wert auf Pflicht, Logik, Ideen und Konsequenz in allen ihren Spielarten legte. Er hat sehr früh ein kokettes, fröhliches, impulsives und manchmal sprunghaftes Mädchen geheiratet.
Er wirft ihr ihre Unbeständigkeit vor, ihren Mangel an Logik und Konsequenz, ihr fehlendes Interesse an intellektuellem Austausch, ihre starke Neigung zu seichten Vergnügungen.
Sie gibt sich große Mühe, ihm zu gefallen (um dem zu entsprechen, wovon sie glaubt, dass es sein Wunsch ist),

und wird die Unbefangenheit, die Spontaneität und Frische verlieren, die sie hatte.
Er wird ihr später wegen dieser Veränderung Vorhaltungen machen ... zu der er ja beigetragen hat.

Die Beziehung zu den Schwiegereltern ist oft der Anlass zu unzähligen Späßen, die tiefe Wurzeln haben und doch oft nur Projektionen sind:

> „Ich kann meine Schwiegermutter nicht ausstehen; sie mischt sich in alles ein. Wir besuchen sie einmal im Monat am Wochenende. Das ist wirklich eine Plage. Sie reißt meine Kinder an sich, als ob sie die ihren wären ..."

Tatsächlich ist es ihr Mann, den sie nicht ausstehen kann, beziehungsweise die Beziehung, die ihr Mann zu seiner Mutter aufrechterhält. Sie akzeptiert nicht, dass er so an ihr hängt. Da sie das nicht offen infrage zu stellen wagt, greift sie seine Mutter in seinem Beisein an und weiß gar nicht, dass genau das für ihn unerträglich ist. Er wird seine Mutter verteidigen, sich ihr nähern ... die Abhängigkeit fortsetzen.

Und wenn sie es später schafft, ihn „abzunabeln", wird sie es genauso wenig ertragen, dass er von ihr nun selbst so abhängig ist.

> *In jeder Dreiecksbeziehung gibt es einen Betrogenen: man selbst, man selbst und niemand als man selbst. Egal, wo man sich im Dreieck befindet.*

Wie schafft man es, alles, was man aufgeben muss und was dann ohne einen selbst fortbesteht, wirklich nur noch der Erinnerung zu überlassen?

Die Pseudoabkommen

> *Mach', was du willst ... aber tu' mir nicht weh.*
> *Mach', was du willst ... aber widersprich mir nicht.*
> *Mach', was du willst ... aber ...*

Die Partner werden stillschweigend oder auch ausdrücklich „ein Abkommen treffen" über das Erlaubte und das Nicht-Erlaubte, über das Zulässige und das Unzulässige.

Dieses Abkommen ist ein Unding, gerade wenn es eingehalten wird; es wird unerträglich sein und trotzdem als Bezugsrahmen dienen. Vor allem im Bereich der Gefühle und der Sexualität werden diese Regeln die größten Widersprüche hervorrufen. „Du hast mir alles zu sagen ... vorausgesetzt, dass ich einverstanden bin."

Es kann beispielsweise in diesem Vertrag die Rede von der so genannten „bedingten sexuellen Freiheit" sein:

„Du bist frei, unter der Bedingung, dass ..."

- Es steht dir frei, mir alles zu sagen, unter der Bedingung ...
  dass ich nichts erfahre,
  dass es keine Briefe und Telefonanrufe gibt,
  dass niemand etwas davon erfährt,
  dass du dich nicht verliebst,
  dass das nicht von Dauer ist,
  dass du weiterhin verfügbar bleibst,
- Es steht dir frei, mir nichts zu sagen, mich aber auch nicht anzulügen, unter der Bedingung ...
  dass du es mit mir genauso hältst,
  dass du es mit mir nicht genauso machst,
  dass du dich nicht bindest,
  dass die Kinder nichts mitbekommen,
  dass es nicht so häufig geschieht,

> dass der andere nicht in derselben Stadt wohnt,
> dass du dem anderen nicht von mir erzählst,
> dass er nicht mit dir zusammenarbeitet,
> dass er nicht den Fuß in dieses Haus setzt,
> dass ich weiß, wer es ist,
> dass ich nicht erfahre, wer es ist,
> dass es nicht am Wochenende und im Urlaub ist.

„Du hast mir alles zu berichten, unter der Bedingung, dass du mir ... nichts sagst."

So viele doppelte Botschaften, die ebenso voller Fallen stecken wie das Schweigen und die Lügen.

In diesen Abkommen ist der zu zahlende Preis stets zu hoch, für jeden Einzelnen wie auch für beide Partner.

Auch wird das Abkommen, sich „alles zu sagen" einen gewissen Sadismus und Masochismus entwickeln, die eine Beziehung im Lauf der Zeit nachhaltig vergiften.

Das Bedürfnis, sich geliebt zu fühlen, ist häufig mit dem Schmerz verbunden, den man dem anderen zufügt.

> „Ich tue dir weh und verlange einen Beweis deiner Liebe, um mich von meiner Schuld freizukaufen. Ich weiß wohl, dass ich Unrecht habe, so zu reagieren, und hasse mich deswegen. Darum erwarte ich von dir obendrein ein Zeichen deiner Aufmerksamkeit, deiner Zärtlichkeit. Aber wenn du weggehst und die Tür zuknallst, weil du es nicht mehr ertragen kannst ... bin ich dir noch mehr gram, dass du mich nicht verstanden hast."

In dieser Situation, in der der eine den anderen bittet: „Nimm es hin, dass ich dir weh tue, damit ich den Beweis deiner Liebe habe", wird jede Flucht oder Weigerung deprimierend sein. Oft habe ich gehört: „Dein fehlendes Vertrauen macht mich traurig."

> *„Ich habe versucht, ihm zuzuhören, aber er will nichts wissen ..."*
>
> *„Ich will, dass du um jeden Preis abhängig und entfremdet bist... denn nichts ist schlimmer als die Trennung.*
> *Und das genau ist es, was uns trennen wird, wodurch wir einander verlieren werden."*

Den Pseudoabkommen ordnen wir die beiden Beziehungsvarianten zu, die mit dem Wunsch nach Transparenz und Gemeinsamkeit verbunden sind: das Alles-Sagen und das Nicht-alles-Sagen (im Gegensatz zum Nichts-Sagen).

Alles sagen

Nach meinen Erfahrungen ist der Vorsatz, in einer Liebesbeziehung alles zu sagen, ein sehr gutes Mittel, diese nach und nach in eine innige Freundschaft überzuleiten. Die Köder verschwinden, die Illusionen bröckeln und lösen sich auf, die Wut, der Groll und die Hoffnung nehmen „vernünftige" Dimensionen an, die Leidenschaft wird eine Option unter anderen.

Entzücken und Übertragungen verschwinden, wenn uns die Projektionen klar werden; Zärtlichkeit und Vertrauen bleiben unerschöpflich und frei von Leid, manchmal vermischt mit einem Hauch von Nostalgie. Es ist ein langes Sich-Zueinander-Hintasten, voller Krisen, Auseinandersetzungen, Tränen und auch Lachen. Es wird faszinierend wie eine Einweihung; jede neue Wahrheit ruft eine weitere auf den Plan, eine noch größere oder eine andersartige.

Das allmähliche Zerstören des Imaginären, um etwas mehr von der Realität des anderen und der eigenen Realität zu erfahren, ist ein mühsamer, trauriger, unsäglich schöner Weg. Traurig, wenn das Geheimnis, das verlockend Unbekannte und der Zauber verblassen, schön, weil es wahrer ist.

In diesem Erleben des Alles-Sagens ist – sofern es gegenseitig ist – eine wirkliche Wandlung der Liebesbeziehung am Werk.

Für jeden gibt es die Gratwanderung zwischen dem Für-sich-Behalten eines Nicht-Gesagten – wie eine Insel, eine rettende Sandbank von etwas von diesem notwendigen Imaginären, das für die Liebesbeziehung lebensnotwendig ist – und dem aufklärerischen Alles-Sagen, das eine Beziehung weniger aufgewühlt, dafür aber dauerhafter gestaltet. Es kann allerdings in diesem Alles-Sagen auch der Versuch einer unbewussten sadistischen Neigung stecken, zumindest der einer Beschmutzung.

„Du mit deinem Alles-Sagen lässt dich doch nur gehen und verlangst von dem anderen, dass er dann mit seinen Empfindungen fertig wird. Du machst dir damit die Seele frei, aber der andere fühlt sich beschmutzt, weil er es unter die Haut bekommt ... und wenn diese Haut die meine ist, sage ich Nein."

Nicht alles sagen

Das Nicht-alles-Sagen wird in jeder Beziehung vom Kodex des Schweigens und des Sagens abhängen. Vom „Du" und vom „Gesagten". Der Kodex legt in einer Beziehung sehr rasch die Bereiche fest, denen man sich mit Umsicht und Vorsicht nähert, die notwendigen Zonen des Schweigens, die Themen, die keiner von beiden ansprechen wird. Was Letzteres angeht – die Tabuthemen – ist dies wie eine leicht magische Hoffnung, eine Art Hinwegbeschwören. Wenn wir nicht davon sprechen, hat es weniger Gewicht, besteht nicht.

So sprach er nie über seine Gefühle für die Kinder. Er ließ seinen Schmerz darüber, von ihnen getrennt zu sein, „ruhen". Als seine Freundin in diesen verschwiegenen Raum eindrang, antwortete er grob: „Ich will das nicht in unserer Beziehung haben." Im Nicht-Sagen (wie im Sagen) kommen aggressive Verhaltensweisen zum Vorschein, die eigentlich nicht beabsichtigt sind.

Sie sagte: „Ich kann meine Frustrationen leichter loswerden, wenn sie ausgesprochen werden. Ich muss bestimmte Momente verderben, damit der Schmutz aus anderen entfernt wird.

Damit deine Abwesenheit von gestern und von morgen nicht in deiner gegenwärtigen Anwesenheit enthalten ist, reicht mir das Schweigen nicht immer; ich muss es mit einer Information füllen, um meine Zweifel zu mindern."

Dabei ist zu bedenken, dass die Zonen des Schweigens ansteckend sein können, dass sie sich auf andere Bereiche ausdehnen und mögliche Dialoge verschließen können.

Sie wird ihm sagen: „Du sagst mir nie etwas Wichtiges".

Es gibt auch Pseudodialoge, in die ein Dritter einbezogen wird, der die Unterhaltungen eines Paares ablenkt. Man spricht nur über diesen Dritten (ein Kind, Elternteil, einen Nachbarn, einen Freund ... einen nahen oder fernen Bekannten). Alle Gespräche drehen sich stets um einen (vorzugsweise abwesenden) Dritten.

Mithilfe dieses indirekten Gesprächs lassen sich viele Dinge sagen ... die allerdings womöglich nicht gehört werden.

Das Nicht-Gesagte

Das Nicht-Gesagte kann als Verbindungspunkt dienen in dem Sinne, dass das Sagen die Unterschiede zwischen Imagination und Realität offenbart und damit riskiert, eine Enttäuschung, eine Trennung zu verursachen.

„Indem ich nichts sage, unterhalte ich die Fiktion in der Annahme, dass ich mich nicht von dir entfernt habe, dass ich weiß, wie sehr wir uns in Bezug auf Entscheidungen, Geschmack, Interessen und Affinitäten gleichen ..."
„Wenn ich mich ausspreche, riskiere ich, unsere Illusionen aufzudecken."
„Ich bin nicht, wie du es dir vorstellst, wie du mich geliebt hast."

Wenn ich also diese Worte, die nicht gesprochen werden, in mir festhalte, bewahre ich die Beziehung – fest geschmiedet, aber devitalisierend, weil abgetrennt von dem, was mich wirklich bewegt.

Das Nicht-Engagement kann dieselbe Funktion erfüllen.

Ich engagiere mich weder durch Handlungen noch durch Gefühle, denn das hieße, einen ganzen lebendigen Teil von mir zu enthüllen. Was aber meinen Partner angezogen hatte, war der verletzte, verzweifelte, abgestorbene Teil von mir, der ihm gestattete, sich neben mir lebendig zu fühlen.

Sprechen, handeln, lebendig sein enthüllt, dass man nicht so ist:

- wie der andere uns sehen will.
- wie wir vom Anderen gesehen werden wollen.

> *„Du bist noch nicht genügend intim mit dir – Unglücklicher –, um mit mir kommunizieren zu müssen."*
> *Henri Michaux*

„Ich habe lange geglaubt, dass der andere
sich für mich interessierte, weil ich Ich war.
Das stimmt teilweise, aber ich darf nicht vergessen,
dass, wenn der andere sich für mich interessiert,
er das tut, weil er Er ist.
Das Gegenteil stimmt auch, und so
ist der Narzissmus eines Jeden
ständig mit dieser
stillschweigenden Realität konfrontiert,
die selten ausgesprochen wird.
Die Überbleibsel unserer kindlichen Allmacht
werden so schwer auf die Probe gestellt.
Es ist so befriedigend, mir vorzustellen,
dass der andere mich meinetwegen liebt,
und so frustrierend zu entdecken,
dass er mich vor allem seinetwegen liebt.

Natürlich gibt es die Liebe der totalen Hingabe,
die im Wesentlichen auf den anderen ausgerichtet ist.
Ihr liegt stillschweigend die Dynamik des Gebens,
des selbstlosen Schenkens zu Grunde.
Diese Art der Liebe ist im Allgemeinen
von einer Beziehung begleitet,
in der das Geben und Empfangen vorherrschen,
in der das Bitten und Verweigern
praktisch nicht vorhanden sind.
Sie dauert manchmal lange – manchmal."

4. Die Spiele

Wenn die alten Wölfe entdecken, dass man stets vor in Not
geratenen Rotkäppchen auf der Hut sein muss ...
Und wenn sich die Rotkäppchen Gedanken machen
über das Motiv ihrer Mutter,
die sie allein in den Wald geschickt hat ...

> *„Warum kann ich erst so spät und mit so viel Mühsal das ganze unnötige Leiden verstehen, das uns widerfährt (oder das wir uns aufbürden), und warum muss ich alle jene schlichten Glückschancen noch einmal sehen, in denen ich mir nicht erlaubt habe, da zu sein, voller Leben und Wärme, und stattdessen diese Maske war, eingekerkert in meinen Ängsten, erstarrt in meiner Menschenscheu ..."*

Unter „Spiel" ist ein Vorgang zu verstehen, der sich wiederholt zwischen zwei Menschen abspielt und der einen Gewinn-Preis und einen Einsatz-Preis hat. Beide Spieler sind sich der beiden Preise meist nicht bewusst.

Bei einem Paar gibt es zwei Arten des Spiels:

- die Spiele der Koordination, Zusammenarbeit und Ergänzung, in den die Spieler Partner sind,
- die Spiele des Konflikts, der Opposition und der Annullierung, in denen die Spieler Gegner sind.

Man könnte behaupten, dass ein ausgeglichenes[17] beziehungsweise ein in Harmonie befindliches Paar sich dadurch

---

[17] Meine Großmutter sagte: „Gleichgewicht ist das geringere Ungleichgewicht."

auszeichnet, dass in ihm diese beiden Spiele abwechselnd stattfinden, wobei die Rollen fließend und umkehrbar sind.

Herrscht dagegen die erste Spielart vor, besteht die Gefahr der Langeweile, und der sich in die Beziehung einschleichenden Mittelmäßigkeit.

Herrscht die zweite Spielart vor, besteht das Risiko, dass man den anderen verliert, ihn verschleißt, dass man alles auseinander reißt, dass der Preis zu hoch wird.[18]

Sich gegenseitig ergänzen

In den Spielen der Ergänzung spielt sich alles so ab, als wären die Gefühle von Gesetzen geregelt, von denen die Partner zwar wenig wissen, an die sie sich aber dennoch halten. Jeder spielt eine den anderen ergänzende Rolle.

Die Verhaltensabläufe greifen in wiederholten Kreisen ineinander.

> Sie hat den Eindruck, dass er ein Problem herabspielt (das Verhalten ihres Kindes oder die Schwierigkeiten bei ihrer Kommunikation). Sie wird diesem Problem viel Bedeutung beimessen, darüber sprechen oder sogar ihre Beunruhigung übertreiben. Die Reaktion des Mannes wird sein, das Herabspielen kompensierend noch zu verstärken, was sie nun dazu bringt, die Sache noch mehr hervorzuheben, um ihrerseits zu kompensieren. Was der eine tut, wird durch das verstärkt, was der andere tut.
> Jeder zieht Gewinn und Frustration daraus.

Das kann in folgenden Einstellungen und Urteilen Bestätigung finden:

---

[18] Vergleiche dazu die Theorien von E. Berne: *Des Jeux et des Hommes - Que dites-vous après avoir dit bonjour?* und die gesamte Schule der Familientherapie auf der Grundlage der Systemtheorie (Jackson, Watzlawick, Framo und andere)

„Die Frauen machen immer Geschichten und komplizieren alles; bei ihnen ist nichts einfach ..." Oder auch: „Die Männer haben keine Ahnung von Gefühlen, sie lassen ihre Gefühle immer unter Verschluss; sie sind nicht fähig, sich über die intellektuelle, materielle, rationale Ebene der Dinge zu erheben ..."

Von sich sprechen – das ist schwierig, besonders für einen Mann, denn von sich sprechen „ist mit der männlichen Würde nicht vereinbar". Viele Männer sind Meister darin, von anderen zu sprechen: „Du bist so und so; du hast das und das getan; du sagst dies und jenes ..." (Meine Großmutter sagte, dass das Du tötet ...)

Was erklärt, dass bei einem größeren Konflikt der Mann (oft mit Erfolg) sich in die Arbeit, das Schweigen, die Krankheit oder den Selbstmord flüchtet.

> Der Einsatz bei der Ergänzung ist, dass man das Gleichgewicht wahrt, Veränderungen vermeidet, die Sicherheit, die Harmonie, den Frieden sichert. Dass man alle Risiken eines möglichen Konflikts ausräumt.
> Der Preis dafür: Man verstümmelt sich, um sich dem anderen anzupassen; man schränkt den Bereich des Möglichen ein.

Ein Beispiel für ein Ergänzungsspiel auf der Basis des unbewussten Einvernehmens hinsichtlich der jeweiligen Rolle:

> Sie ist stets die Fordernde.
> Er ist es, der zustimmt oder verweigert.

Wenn er Lust hat, von seinen Sorgen zu sprechen, wird er ein besorgtes Gesicht machen, seufzen, sich zieren, bis sie ihn darum bittet, ihn anfleht, ihr so viel Vertrauen zu schenken, dass er seine Kümmernisse mit ihr teilt.

> Er macht ihr das Geschenk.
> Sie wird ihm danken (es ihm aber auch verübeln).

Ein anderes, vielleicht noch gefährlicheres, aber recht gängiges Ergänzungsspiel ist:

> „Ich existiere nur, wenn man mich braucht; ich werde also beim anderen dieses Bedürfnis um jeden Preis erzeugen."
> „Lass mich dir weh tun, damit ich dir helfen kann."
> „Lass mich dich verletzen, damit ich dich trösten kann."

Sie ist acht Jahre älter als er. Er macht einen gelassenen, vernünftigen, Vertrauen einflößenden Eindruck. Er lächelt nachsichtig, wenn sie über die Stränge schlägt, ihre Sorgen übertreibt, das kleine impulsive Mädchen spielt.

DAS SPIEL: „Wenn du Vater spielen musst, werde ich das kleine Mädchen spielen (und das passt mir)."

> „Oft belaste ich mich mit seiner übermäßigen Besorgnis – ich verstärke dann die meine. Auf diese Weise liebe ich ihn. So muss er mich lieben, wie jemanden, der besorgter ist als er. Das beruhigt ihn ... und mich auch."

Er leitet kompetent den technischen Dienst einer mittelgroßen Gemeinde; er kennt sich mit Mechanik aus. Er ist in der Gewerkschaft aktiv.

Seine Frau kümmert sich zu Hause um Papiere, Steuern, Versicherungen, die Haushaltsführung, denn, so sagt er oft in ihrem Beisein: „Ich verstehe nichts davon; ich käme nicht damit zurecht. Mit anderen Worten – DAS SPIEL: „Wenn du eine Kopfarbeiterin sein willst – gerne. Mich würde der Papierkram überwältigen (und es passt mir so)."

Wenn du den Mut verlierst, blicke ich voller Zuversicht in die Zukunft. Wenn du voller Begeisterung und Pläne bist, sehe ich alle Schwierigkeiten, die uns erwarten.

Wenn du dich entfernst, nähere ich mich.
Wenn du dich näherst, entferne ich mich.
Wenn du lächelst, schmolle ich.

Was wäre, wenn wir uns beide auf dieselbe Seite einer Wippe setzten?

In den meisten langfristigen Beziehungen gibt es auf jeden Fall Spiele. Wichtig ist, beweglich zu bleiben (einmal oben, einmal unten zu sein), manchmal ganz anders zu sein, die Rolle zu wechseln, die Spielart zu ändern.

Wichtig ist auch, ab und zu sich selbst über die Schulter zu schauen und über sich selbst zu lachen, dem Gewinn (beim anderen und bei sich selbst) das Geheimnisvolle zu nehmen, den zu zahlenden Preis abzuschätzen (die Investition an Energie, Wohlbefinden und Lebensfreude ist stets zu hoch ...).

Wenn man nichts mehr in die Partnerschaft einzubringen hat, bleibt nur das stets wiederholte Teilen von allem unerfüllten Vergangenen, das man im Laufe der Jahre angesammelt hat. Die Spiele der gegenseitigen Selbstfrustrierung sind ohne Zahl: „Ich will dein Bestes, und ich verarge es dir, wenn du es dir nimmst."

> *„Und das war nicht alles; sie hatte andere Waffen, die der Unglückliche wohl kannte: die Repressalien am Morgen nach den „Szenen" wie Migränen, Einsamkeitsstreik im Zimmer, geschwollene Lider als Zeugnis des Weinens im Stillen, verschiedene Unpässlichkeiten, beharrliches Schweigen, ein aggressiver Appetitmangel, Mattigkeit, Vergesslichkeit, trübe Blicke, das ganze schreckliche Arsenal einer schwachen, unbesiegbaren Frau."*
> A. *Cohen*

Gegner spielen

In den Spielen der Gegnerschaft werden die Differenzen folgendermaßen gesehen:

Wer hat Recht?
Wer ist der Beste?
Wer spricht spontan?
Wer opfert sich am meisten auf?
Wer leidet am meisten?
Wer gibt, wer hält am meisten zurück?
Wer weiß Bescheid?

Es entsteht ein Machtkampf um den Vergleichsmodus, oft auf der Grundlage mangelnden Selbstwertgefühls, aus dem sich das Bedürfnis ergibt, sich zu messen, sowie die absurde Frage: „Wer ist mehr wert? Ein Mann oder eine Frau? Freude oder Schmerz, ein Abwarten oder ein Lächeln, ein Vergessen oder ein Blick ...?

> Der zu gewinnende Preis: das Gefühl meines Wertes (je mehr ich Mitleid errege, je mehr ich zeige, dass ich viel auf mich nehme, desto mehr Wert habe ich). Mein Bedürfnis zu existieren manifestiert sich dadurch, dass ich mich durchsetze.
> Der zu zahlende Preis: mein Schmerz, meine Kümmernis, der Verzicht auf die Hilfe des anderen, die Einsamkeit, die Zurückweisung, die Klage, die psychosomatischen Folgen...

Wie läuft es ab, wenn einer der Ehepartner dem anderen beibringen will, wie man Auto fährt, Ski läuft, kocht, Kinder erzieht oder Pflanzen pflegt?

Ist der zu gewinnende Preis wirklich die Sache oder die zu erlernende Technik? Nein, meistens wird es das sich einstellende und sich verschiebende Kräfteverhältnis sein.

In einem Konfliktspiel kann sich der eine, wenn die Überlegenheit des anderen eindeutig ist (ein Berufsfahrer bringt seiner Frau das Fahren bei), immer gegen diesen auflehnen und ihn anklagen, ein schlechter Lehrer zu sein:

„Du hast keine Geduld mit mir."
„Ich kann nicht fahren lernen, weil du dich bei jeder Ungeschicklichkeit so aufregst."
„Du kritisierst mich pausenlos; du siehst nur meine Fehler. Wie willst du, dass ich es schaffe?"
„Du willst mir vorschreiben, was für ein Vater ich den Kindern gegenüber sein soll. So sabotierst du gründlich meine Beziehung zu ihnen und verhinderst eine direkte Kommunikation zwischen ihnen und mir."
„Dein mangelndes Vertrauen deprimiert mich mehr als alles, was ich angeblich sein soll."

Es gibt einen unablässigen Kampf um Anerkennung (gewährte, verweigerte, ausgehandelte).

Absurd und doch üblich

Den anderen herabzusetzen ist gleich bedeutend mit der eigenen Aufwertung.

Das Wettbewerbsspiel: „Ich bin besser als du – und du weißt es noch nicht." Dieses Spiel findet nach dem Vergleichsmodus statt:

„Ich schreie dir nicht immer hinterher."
„Ich werfe dir nicht vor, dass du jeden Dienstag ausgehst."
„Ich habe deine Freunde akzeptiert, ohne etwas zu sagen."
„Ich habe nie deine Ausgaben überwacht." Und so fort ...

Wenn ich die Qualitäten und Fähigkeiten meines Mannes anerkenne, fühle ich mich weniger wert:

„Er macht alles so viel besser als ich; er braucht mich gar nicht."

Wenn ich die Gaben und den Erfolg meiner Frau bewundere, fühle ich mich daneben ziemlich erbärmlich.:

„Sie könnte einen viel Besseren als mich finden."

Und ich werde viel Mühe daransetzen, dass sie tatsächlich einen Besseren als mich findet ... worunter ich leiden werde und was meine Meinung bestätigen wird: „Ich hatte wohl Recht, dass ich das alles geahnt habe."

Das Klagespiel: „Mein Schmerz ist stärker als der deine."

Der Ehemann beklagt sich über Mattigkeit und berufliche Spannungen. Sie entgegnet, dass die Kinder ihr viel Mühe machen.

Sie beschreibt ihren Hexenschuss. Er „versteht das nur zu gut", denn er hat dafür Migräneanfälle.

Er macht sich Sorgen, dass er seine Steuern nicht wird zahlen können, und das Auto wird auch langsam alt, und so fort.

„Ich kaufe schon seit Monaten nichts", antwortet sie.

Und dann gibt es noch die Frau, die ausdauernd feststellt, dass es bei den anderen immer besser ist.

Wer wird jemals anerkennen, wie außergewöhnlich sie ist, weil sie akzeptiert, in diesen Umständen zu leben, wo es doch anderswo so viel besser zugeht.

> *„Das Gras ist immer grüner jenseits des Zauns ... bis man entdeckt, dass es künstlicher Rasen ist."*
> W. Schulz

Und dann ist da der Mann, der sich die Zeit damit vertreibt, abschätzig davon zu sprechen, was die anderen

besitzen und tun. Er lobt stets das, was er selbst besitzt und tut.
Er ist besonders sarkastisch, wenn er von dem Tun und Lassen seiner Frau spricht. Auch macht er sich über Männer lustig, die dumm genug sind, sich eine ungeschickte und wenig attraktive Frau zuzulegen. Darin sieht er keinen Widerspruch.
Äußert man sich kritisch über sein Auto, ist er zutiefst gekränkt.
Äußert man sich kritisch über seine Frau, wertet man ihn auf.

Es gibt auch das Gegenteil mit selbstbestätigenden narzisstischen Projektionen.

Ich habe den Eindruck, dass die anderen uns als Paar toll finden. Ich bin stolz darauf, den anderen als Partner zu haben. Kennt er aber wirklich den Menschen, der mit ihm zusammenlebt? Ich sehe dich nicht; ich höre dich nicht. Was ich höre und was ich sehe ist die Bewunderung der anderen für ... uns. Für das Bild von uns, das wir ihnen immer wieder bieten und dabei riskieren, nebeneinanderher zu leben, ohne uns wirklich kennen zu lernen.

Die Konfliktspiele werden gerne in der Öffentlichkeit ausgetragen. Das gibt der Demütigung die richtige Würze, stimuliert und erlaubt, sich die Zustimmung und Aufmunterung eines Dritten einzuholen (siehe *Wer hat Angst vor Virginia Woolf?*).

Auf welche Weise werden Kritik und Komplimente ausgedrückt beziehungsweise verschwiegen, und wie werden sie aufgenommen?

„Du richtest deine Aufmerksamkeit nur auf das Negative."

„Du sagst immer, dass das Essen gut ist; wie soll ich dir da glauben?"
„Du sagst das, um mir eine Freude zu machen, aber im Grunde weiß ich, dass du nicht glücklich bist."
„Du sagst nicht, was du denkst."
„Du denkst nicht, was du sagst."
„Du siehst die anderen an, und ich weiß, dass du sie besser findest als mich."

Die krankhaften Spiele (in diesem Fall befindet sich die Ehe bereits in einem fortgeschrittenen Krankheitsstadium): „Ich nehme dir mit Gewalt, was du mir aus freiem Willen gibst; ich gebe dir alles, was du nicht willst, und ich werde dir nie verzeihen, dass du es angenommen hast. Ich hasse dich mit einer Liebe, die mir keine Rast und Ruhe gönnt."

Wer erzählt diese Geschichte?

Marie und Jean spazieren durch den Zoo und kommen am Gorillakäfig vorbei. Die Tür öffnet sich, und der Gorilla ergreift Marie, schließt sich mit ihr ein und beginnt, sie auszuziehen. Marie schreit Jean zu: „Was soll ich tun?" Und Jean antwortet: „Mach's wie immer; sag ihm, dass du eine Migräne hast."
Die Version desselben Ereignisses, aber aus der Sicht Maries, ist die: Nach einer Weile kommt Marie aus dem Käfig und sagt beim Anziehen: „Immer dasselbe; psychische Impotenz." Dieselbe Geschichte, dieselbe Klage ...

Es gibt da noch das Spiel *Aufstieg und Fall,* bei dem man den anderen ganz hoch hebt ... um ihn dann „am Boden zu zerstören", das Spiel des „Sprich mit mir, auch wenn ich dir nicht zuhöre ...", das Spiel des „Ich gebe, damit du gibst": Ich werde dem anderen viel geben, je nach meiner eigenen, niemals als solche formulierten Erwartung. Ich werde mich beispielsweise auf den Bauch legen, denn ich möchte, dass sie mir den Rücken massiert; sie streckt sich neben mir aus und seufzt vor Wohlgefühl, so dass ich ihr schließlich den Rücken massiere.

Ich gebe reichlich von dem, was ich selbst besonders gerne bekommen möchte.

Sie wird mir danken. Und das Paradoxe ist, dass ich Dank für etwas erhalte, was ich selbst bekommen wollte und nicht bekam ...

Das Spiel der Bitte als Falle: Ich bitte dich um etwas, damit ich dir nachher vorwerfen kann, dass du es mir gegeben hast.

> Ich greife dich an, und du gibst mir Geschenke.
> Ich bitte dich um Zustimmung, und du stellst mich infrage.
> Ich schlage einen dramatischen Ton an, und du machst Witze.
> Ich tue alles, damit du mich zurückweist, und du öffnest die Arme.
> Ich suche nach Vorwürfen, und du verstehst mich.
> Ich opfere mich für dich auf, und du verübelst mir das.
> Ich bitte dich, mich zu überraschen ... und du wirst vorhersagbar.
> Langeweile ist, wenn ich im Voraus weiß, wie der andere reagieren wird.

Das Spiel der falschen Idealisierung: Dabei geht es um die Negierung der Fehler des anderen; sie geht so weit, dass man seine ganze Zeit damit zubringt, sie zu suchen.

> *„Für manche ist die einzig mögliche Einigung: sich gemeinsam im selben Moment uneinig zu sein."*

Das Zerreißspiel: Die Festigkeit der Beziehung wird unaufhörlich auf die Probe gestellt. Aggressionen, Flucht, Prüfungen, In-Frage-stellen, Provokationen, um sich zu vergewissern: „Ja, er liebt mich immer noch trotz all dessen, was ich ihm antue." Darauf antwortet der andere: „Ja, ich liebe sie immer noch trotz all dessen, was sie mir angetan hat. Sie gibt mir den Beweis, dass ich gefestigter bin als sie."

Den anderen in einen Bittsteller verwandeln: In dieser Dynamik wird einer der beiden Partner niemals der Bittende sein; er wird immer den anderen dazu bringen.

„Was willst du heute Abend tun?"
„Was willst du essen?"
„Wie willst du, dass ich mich heute Abend anziehe?"
„Wo würdest du gerne in den Osterferien hinfahren?"
und so fort.

Durch dieselbe immer wiederholte Haltung (egal, welche Umstände vorliegen), kommt die Neigung zum Ausdruck, die Kontrolle über die Beziehung zu behalten, Meister der Wünsche des anderen zu bleiben, die man nach Belieben erfüllt oder auch nicht.

> *Ein Gleichgewicht ohne zu viel Leid ist dann gegeben, wenn der eine entdeckt, dass es für ihn ohne Belang ist, ob er die untergeordnete Position hat.*

Jenseits der Spiele gibt es – so glaube ich – den ewigen Preis jeder Beziehung, nämlich den Versuch, sich eine Überlegenheitsposition anzueignen.

Diese Überlegenheitsposition wird technisch als psychologischer Zustand des Nicht-Unten-Seins definiert; man ist derjenige, der beeinflusst, nicht derjenige, der beeinflusst wird.

Die Überlegenheitsposition ist nie gesichert; sie muss unablässig immer wieder neu definiert werden.

Die Manöver, um das zu erreichen, können offenbar oder auch subtil sein.

> Dadurch, dass man beispielsweise den anderen unablässig in die Position des Bittstellers drängt: „Was willst du heute Mittag essen? Wohin willst du heute Abend ausgehen? Willst du mit mir schlafen?"

So bleibt man „Meister" des Wunsches des anderen, indem man ihn gewährt oder versagt.

Umgekehrt gibt es die Position, dass man nie seinen Standpunkt klar macht: „Wir werden sehen ...", „Wir haben ja noch Zeit ...", „Ich weiß noch nicht ...", „Warum nicht". Auch das ist eine stark dominierende Position.

Die Spiele des „So tun, als ob" ergeben sich aus dieser Beziehungsdynamik.

Wenn zwei Menschen zusammenfinden, tauschen sie feine und doch dauerhafte Signale darüber aus, wie sie ihre Beziehung definieren. Die Verhaltenstaktik des einen wird durch die Art des anderen zu reagieren modifiziert. So nehmen beide ihre gegenseitigen Positionen ein.

Das Spiel des „So tun, als ob"[19] wird darauf abzielen, dass einer der Partner die Kontrolle über den anderen ausübt, indem er die untergeordnete Position einnimmt.

> Sie: „Ich möchte, dass du etwas mehr auf dich achtest (deine Haare, deine Zähne, deine Haut), selbst wenn dich das etwas kostet. Geh zum Friseur, zum Zahnarzt" und so fort.
> Er: „Ich glaube nicht, dass wir dafür (für mich) so viel ausgeben sollten."
> Sie: „Aber mir macht es Freude, für dich etwas auszugeben."

---

[19] Das eheliche So-tun-als-ob wurde von D. Jackson aus Palo Alto studiert.

Er: „Ich weiß, Schatz, aber da sind immerhin die Rechnungen und die Kredite ..."

Das Verhalten des scheinbar so bescheidenen Mannes ist im Grunde ein Kontrollverhalten.

Sie ist berechtigt, sich bei ihm zu beklagen und ihn gegebenenfalls anzugreifen. Er jedoch gibt klar zu verstehen, dass er ihre Befehle oder Ratschläge nicht befolgen wird (sie sind unsinnig im Hinblick auf seriösere Dinge). Und da er keinerlei Zeitrahmen absteckt, wissen wir nicht, ob er jemals zum Friseur oder zum Zahnarzt gehen wird. Das ist einer der Schlüssel zum So-tun-als-ob: Anstatt eine Handlung auszuführen, richtet sich dieses Paar in einem Wiederholungsdialog ein, der dazu bestimmt ist, immer wieder die Art ihrer Beziehung zu definieren. „Ich kontrolliere dich; ich unterwerfe dich einer Zurückweisung."

Hier ein anderes Beispiel:

Er: „Ich kann meine weißen Hemden nicht finden."
Sie: „Tut mir Leid; sie sind noch nicht gebügelt."
Er: „Bring' sie in die Reinigung; es ist mir egal, wenn das teuer ist."
Sie: „Wir geben ohnehin genug für die Lebenskosten aus; hier und da muss man ein bisschen kurz treten."
Er: „Hör' mal, ich brauche aber meine Hemden."
Sie: „Ja, Schatz, wir werden sehen."

Die Frau steckt keinen Zeitrahmen und macht nicht klar, ob sie Ja oder Nein meint; er bohrt nicht nach, um eine klare und eindeutige Antwort zu bekommen. Es nützt nichts, wenn man versucht, die Beweggründe des anderen herauszufinden, es nützt auch nicht, beispielsweise zu sagen, dass er gerne schimpft, nörgelt, oder dass sie ihn gerne frustriert.

Das Wesentliche ist das Spiel der sorgfältig unterhaltenen Wechselwirkung. Es ist der stillschweigende oder erduldete „Handel", der den Austausch regelt. Mit manchen dieser „Abmachungen" geht es zu Anfang einer Beziehung gut, doch werden sie später dann unbefriedigend, und sie sind vor allem für die Kinder ungeeignet, die sich dem System widersetzen und es manchmal anklagen (oder sich dadurch ausgeschlossen fühlen, was ihrer emotionalen Gesundheit schadet).

Um die Fehlfunktion der Beziehungen des Paares zu verstehen, ist es wichtig, die gegenwärtige Beziehung zu analysieren und die Spiele, die besonderen Varianten des So-tun-als-ob aufzudecken, anstatt deren Ursprung in der Vergangenheit jedes Einzelnen zu suchen.

> *Die Aussicht, dass es einmal kein Leid mehr geben wird, ist schmerzlich. Es tut sehr weh, seinen Schmerz loszulassen.*

Alle Spiele werden im Kontext einer Trennung höchst intensiv aufleben, wenn einer der Partner beabsichtigt, eine Beziehung auslaufen zu lassen, die ihm zu mittelmäßig erscheint oder ihn zu sehr einschränkt.

Es gibt dann quasi einen Sturm von hemmungslosen Auseinandersetzungen; eine furchtbare Heftigkeit wird beinahe täglich zwischen beiden Partnern kreisen.

Sie wird sagen: „Ich spüre, dass er mir die unsinnigsten Vorschläge macht, um die Trennung unmöglich zu machen: bezüglich der Kinder, die er behalten will, für die er aber gar nicht sorgen kann, bezüglich des Geldes, der Güter, des Hauses, meiner Arbeit ... Ich fühle mich in die Enge getrieben, es schmerzt mich. Ich würde am liebsten gar nicht fortgehen."

> *Beide wissen nur zu gut, was ihnen nicht fehlt:*
> *der andere.*
> *Und es ist diese Gewissheit, die sie zusammenhält.*

Andere Spielvarianten

Erstes Beispiel. Die Beziehung spielt sich auf folgender Grundlage ab:

A) Er arbeitet viel und
B) hat das Gefühl, seine Familie zu vernachlässigen.

Er möchte gerne bei seiner Arbeit Erfüllung finden und zugleich von seinem Schuldgefühl bezüglich B durch eine ausdrückliche und klare Anerkennung seitens seiner Partnerin befreit werden. Sein Sich-Abmühen kann auf verschiedene Weise abgegolten werden:

- Bewunderung: „Toll, wie du das durchhältst."
- Unterstützung: „Du arbeitest zu viel; ich will nicht, dass du krank wirst."
- Belohnung: „Ich habe dir ein gutes Essen gemacht. Ich dachte, das wird dir gefallen."

ABER sie fühlt sich schuldig für die „übermäßige" Arbeit ihres Mannes, und das um so mehr, als sie nicht außer Haus arbeitet. Die Arbeit des Mannes anzuerkennen birgt das Risiko der Verstärkung des eigenen Schuldgefühls.

Verschiedene Alternativen bieten sich ihr an, um sich Erleichterung zu verschaffen:

- Angriff auf die Arbeit: „Du bist mit deiner Arbeit verheiratet."
- Herabsetzung der eigenen Person: „Du liebst mich ja gar nicht."
- Hervorhebung und Aufwertung der eigenen „Arbeit" als Hausfrau, der Schwierigkeiten mit den Kindern, der Probleme mit der Wohngegend.

In allen Fällen gibt es eine unbewusste Weigerung, auf die Erwartungen des anderen einzugehen. Es entsteht und weitet sich ein Frustrationsprozess aus, und das trotz der vielfachen „Liebesbeweise".

- Er steht mit den Hühnern auf, um nicht schon am Vorabend das Haus verlassen zu müssen.
- Er verausgabt sich zu Hause (Reparaturen, Haushaltsarbeiten, Kinderbetreuung), wird aber trotzdem das Gefühl nicht los, ein Versager zu sein.

Es gibt immer einen Sieger in diesem Spiel des Übertrumpfens.

> *Fliehen, indem ich mich in den Beweis der vorgezeichneten Wege stürze und (jedes Mal) die Wut und die Bitterkeit entdecke, die diese neue Falle in meinem Körper auslöst.*

Zweites Beispiel. Ich versage mir etwas, um nicht die Verweigerung meiner Bitte zu erleiden.

Er möchte gerne mit ihr schlafen, aber er befürchtet eine Abfuhr (die in ihm ein Gefühl der Zurückweisung, des Nicht-Existierens erzeugt, und das ist unerträglich).

Einige Minuten vor dem Zu-Bett-Gehen wird er einen Konflikt heraufbeschwören (die Zahnbürste ist nicht an ihrem Platz, es gibt keine Zahncreme). Und so geht er dann ins Bett, schmollend, und dreht ihr den Rücken zu.

Er hat das Mittel gefunden, sie nicht mehr um ihre Liebe zu bitten, und vor allem erspart er sich einen möglichen Schmerz, der tief in ihn eingraviert ist – zurückgewiesen zu werden.

Das Paradox ist, dass selbst wenn sie an diesem Abend einen Vorstoß macht, er es ablehnen wird, eingeschlossen in seinem Schmollen.

Er versagt sich so das, was er sich wünscht, „gewinnt" dafür aber ein Nicht-Leiden angesichts einer möglichen Abfuhr.

Drittes Beispiel: Er sagt zu ihr:

„Was machen wir morgen?" Sie antwortet:
„Je nach Wetter und Laune."
Er hört: Sie will nicht mit mir ausgehen, mich nicht begleiten, obwohl sie weiß, dass mir das Freude macht.

Und natürlich ist es das, was er wollte, ohne zu wagen, seine Erwartung zu formulieren („Ich möchte, dass du mit mir kommst.") Die Wunde der früheren Absagen versagt ihm jede klare Bitte, denn das Risiko einer neuerlichen Absage ist ihm zu gegenwärtig ... Er stellt seine Bitte „umwunden", um nicht zu leiden, und wird so nicht verstanden.

Er wird sich an diesem Abend verschließen, und der nächste Tag ist schon „verdammt", bevor er noch angefangen hat.

Viertes Beispiel: Schau', wie gut ich bin, dass ich alles für dich hinnehme, von dir annehme.

Das Akzeptieren der untergeordneten Position als Pflicht: „Wenn du Lust hast, tue ich es; ich akzeptiere, was du willst, aber ich tue es auf eine bestimmte Weise, die dir zu verstehen gibt, dass du es bist, der bittet (dass ich es immer bin, die gewährt). So tue ich, als wäre etwas Pflicht, auch wenn es mir Spaß macht. Ich verwandle meine Beziehung in eine Pflichtübung, um es dir zum Vorwurf machen zu können (und mich dadurch aufzuwerten: „Sieh mal, was ich alles für dich tue.").

Fünftes Beispiel: Die Abwertung des anderen in einem wesentlichen Bereich.

Ich schätze meinen Partner sehr, außer dass er dies oder jenes nicht tut (als Liebhaber, Vater, Verantwortlicher).

Der Ausschluss des Vaterseins: eine Falle, die in Komplizenschaft aufgestellt wird.

„Meine Kinder haben ihren Vater bereits frühzeitig in seiner Vaterrolle als unfähig erlebt, während er in allen anderen Dingen kompetent war. Wir waren alle Komplizen, die Kinder, er und ich, um ihn in seiner Vaterrolle zu disqualifizieren."

Und der Betreffende lässt dann seine Verzweiflung, seine Auflehnung, seine Ohnmacht an einem der Kinder aus, das es dann wiederum an einem der Geschwister auslässt, und so fort.

> *So vollzieht sich eine Übertragung voller Heftigkeit und Zweideutigkeit.*
> *Ich zerstöre dich, um dich zu besitzen.*
> *Ich zerstöre mich, damit du mich bei dir behältst.*

In seinen *Carnets 1978*[20] gefällt es Albert Cohen, dem unvergesslichen Autoren von *Belle du Seigneur* mit einem Mal, eine Eheszene zu beschreiben. Es handelt sich dabei um eine Szene, die einem bekannten typischen Szenario folgt, das mit neuen Episoden angereichert ist. Diese Szene veranschaulicht einige der zuvor beschriebenen Spiele.

„Voller Wut stürzte sie sich in die Küche, schloss sich dort ein, ging mit lauten Schritten auf und ab, glücklich, ihren Mann damit zu beunruhigen. Er klopfte an die Tür, bat sie zu öffnen. Sie lächelte, antwortete nicht. Er klopfte noch weitere Male, ohne Erfolg. Plötzlich stieg es ihm siedend heiß in den Kopf: Sie hatte vielleicht den Gashahn aufgedreht, um Selbstmord zu begehen und ihn zu bestrafen, und er zitterte, denn er liebte sie. ‚Mach auf', schrie er, ‚oder ich trete die Tür ein.' Sie antwortete, dass sie nicht öffnen würde, dass sie sterben wolle, und er schloss aus der belegten Stimme, dass sie dabei war, etwas zu essen. Er bückte sich, sah durch das Schlüsselloch. Mit düster-egoistischer Angeregtheit kaute sie an einem belegten Baguette. Als sie geendet hatte, machte sie sich die Haare zurecht, puderte sich und öffnete die Tür. ‚Ich habe darauf verzichtet, mich umzubringen, um dich nicht allein zu lassen', sagte sie, die

---

[20] Gallimard, 1978.

Lippen etwas glänzend vom Fett des Schinkens. Und die Szene begann von neuem.

Um Mitternacht hörten sie auf, sich anzuschreien, einander anzuklagen und theatralisch zu verabscheuen, denn sie waren müde und plötzlich bar jedes hasserfüllten Schwungs. Jetzt herrschte eine schmollende Stille; jeder hoffte auf das Wunder, dass der andere die Waffen strecken würde, auf einen plötzlichen Wandel des anderen zur Zärtlichkeit. Dann würde alles gut, alles vergeben sein. Da diese Niederlage des anderen nicht eintrat, tauschten sie einige protokollarische Worte aus, siezten sich vornehm, mit Gleichgültigkeit und falscher Natürlichkeit. Aber die beiden traurigen Einsamen, Schauspieler ohne Bühne, vermieden es, sich während dieser Pause anzusehen, denn sie wussten, dass wenn sich ihre Blicke begegneten, sie in das irre ungewollte Lachen ausbrechen würden, dieses verwünschte Ende aller Szenen, wussten, dass sie das Lachen nicht würden zurückhalten können, ein schreckliches, schmerzliches Lachen, ein höllisches, traurig abgehacktes Lachen, wussten, dass die Gefahr des irren Lachens erst mit der Kapitulation desjenigen verschwinden würde, der als Erster den Versöhnungskuss wagte.

Bald aber begann die Szene von neuem.

Der Abtausch der Anschuldigungen war eine Art Zeitvertreib, ein Kampf gegen die Langeweile und die furchtbare Einsamkeit des Ehelebens. Ach, die immer gleichen Vorwürfe; ach, der erbärmliche Zeitvertreib in der Wüstenei des Ehelebens. Ach, diese Schwäche des Ehemannes, die ihn immer wieder anklagen ließ, und diese Verzweiflung in ihm, weil er wusste, dass er seiner Frau immer weniger bedeuten würde, ihr immer weniger lebendig, wirklich und beeindruckend erscheinen würde, je mehr er verlangte und die verlorene Liebe einklagte. Er konnte jedoch nicht umhin, immer von neuem seinen Schmerz darüber auszudrücken, nicht mehr der Geliebte von einst zu sein, einen Schmerz, der immer weniger wirksam war und von ihr immer weniger wahrgenommen wurde. Oh, diese Sättigung in ihr, diese Einsamkeit in ihm. Und er redete, redete, rechtfertigte sich, bewies ihr, nein, wollte ihr beweisen, dass sie sich falsch verhielt, dass es ihr an Zärtlichkeit mangelte. Und während er so bewies und forderte, wusste er doch, dass seine armseligen Worte nur so etwas waren wie eine Farbe, die nicht mehr vom Stoff aufgenommen wurde, nicht mehr eindrang. Er redete, redete, wollte sie dazu überreden, sanft zu sein, liebevoll, redete und redete, und die Geliebte aus vergangener Zeit blieb starr, taub und unerbittlich in ihrem Recht als unglückliche Ehefrau, und er redete, redete, und wusste, dass er sich herabwürdigte, indem er eine verweigerte Zärtlichkeit erbettelte.

Aufgebracht vom Schweigen dieser Frau, die ihn doch als Verlobte ihren Prinzen genannt hatte, erschrocken, dass er nicht mehr auf sie zählen konnte und nicht mehr der Geliebte von einst war, packte er sie plötzlich an den blonden Haaren, auf die sie so stolz war, und schüttelte sie, um sie aus ihrem Schweigen herauszuholen. Mit einem Male wieder lebendig geworden, schrie sie, es sei eine Schande, ein würdeloser Anschlag auf ihr Haar, auf das, was an ihr am strahlendsten war. ‚Du Bauer, du Trampel‘, fügte sie hoheitlich hinzu, und er biss sich auf die Lippen, um nicht loszulachen, während sie wiederum in die Küche rannte und sich einschloss. Allein geblieben, bewunderte er sie. Was gab es Leuchtenderes an ihr, murmelte er wehmütig, und er bewunderte die Eingeschlossene, lächelte zu ihr hin. Wie aber holte er sie aus ihrer Küche? Sollte er durch die Tür sprechen, sie um Vergebung bitten? Nein, das würde ihn ganz klar herabsetzen. Es würde ohnehin nichts nützen, sie darum zu bitten herauszukommen; sie würde eingeschlossen bleiben, um ihn leiden zu lassen. Letzten Endes wäre ein unvorhergesehener Besuch von Freunden die Rettung. Dann wäre alles gut, alles wäre vergessen, und sie würde von neuem charmant und fröhlich sein.

Die Küchentür wurde heftig aufgerissen, um das Gesicht zu wahren. Stumm und mit entschlossener Miene setzte sie sich an den Tisch, ergriff eine kleine Schachtel und holte mit gerunzelten Augenbrauen die Streichhölzer heraus, eins nach dem anderen. Als sie alle auf dem Tisch lagen, legte sie sie sorgfältig eins nach dem anderen zurück. Er wusste, dass dieses minutiöse Umschichten, das Hinein und Hinaus, in ihrer derzeitigen Laune lange dauern würde ... um ihm zu zeigen, dass sie litt, dass sie vor Unglück verrückt wurde. Vor allem, um ihn zu bestrafen, um ihn der Marter der unendlich immer wieder herausgeholten und zurückgelegten Streichhölzer zu unterwerfen. Nun gut, solange sie nicht sprechen würde, würde auch er nicht sprechen. Ja, man musste die Würde bewahren.

Aber kurz darauf begann er erneut, sich zu beklagen, ihr vorzuwerfen, dass sie nicht mehr wie früher war. Er redete und redete und wusste doch, dass alle Vorwürfe nichts fruchten würden, dass sie sie abstoßen und weiter entfernen würden. Aber er fuhr fort mit dem Zur-Schau-Stellen seines Kummers, wohl wissend, dass je mehr er klagte, sie ihn desto mehr dafür verachten würde, dass er sie brauchte. Sie nimmt es mir übel, dass ich mich langsam von ihr töten lasse, dachte er. Warum, aber warum nur sagte er ihr kein Wort, ein einfaches Wort der Zärtlichkeit, das dem Schrecken ein Ende setzen würde?

Sie, des Wartens auf ein Wort der Zärtlichkeit und den Versöhnungskuss ihres Mannes müde, hob die Schultern, ließ die Streichhölzer ruhen, erhob sich und ging zurück ins Schlafzimmer. Nun blieb der Zurückgelassene angsterfüllt im verlassenen Wohnzimmer. Er holte die Streichhölzer hervor, eins nach dem anderen, legte sie dann wieder in die Schachtel, eins nach dem anderen, und begann wieder von Neuem."

> *"Missverständnisse gehören zur Liebe, denn die Liebe ist ein zu heftiges Gefühl, als dass man es erschöpfend ausdrücken könnte. Worte tun ihr Unrecht. Zurückhaltung ist notwendig; man muss sich mit halb Ausgedrücktem verstehen. Und treibt man die Scheu so weit, dass man nichts sagt, dann gibt es natürlich keine Aussicht, dass das Missverständnis jemals ausgeräumt wird."*
>
> V. Jankelevicht

Die Gefühlsbuchhaltung (die „Familiensparbücher")[21]

> *Niemand fordert mehr als derjenige, der nichts verlangt ... und es sagt.*

In ihren augenfälligsten Aspekten wird die Gefühlsbuchhaltung als Vertrauen bezeichnet, als der Glaube daran, dass der andere für einen das tut, was man für ihn getan hat. Und da man nicht weiß, wann, ist das Vertrauen an die Zeit gebunden. Mit der Zeit stellt man vielleicht fest, dass ein nie ausgesprochenes und bisher nicht gehaltenes Versprechen wohl nie mehr eingelöst wird.

Ein Beispiel: Sie glaubt, dass er mehr Zeit mit der Familie verbringen wird, sobald seine Arbeit besser geplant sein wird.

---

[21] Dieses Kapitel ist im Wesentlichen von den von Ivan Boszormeny-Nagy in *Invisible Loyalties* (1973) entwickelten Konzepten inspiriert.

Wenn die Kinder dann älter werden, wird sie immer weniger daran glauben und es immer mehr fordern.

Die Buchhaltung, die sich daraus ergibt, liegt nicht offen, ist nicht bewusst und auch nicht das Ergebnis einer Verhandlung; sie zwingt sich beiden Partnern wider deren Willen auf.

Ich sehe oft, wie Paare sprechen und handeln, als besäßen sie ein verborgenes Kontobuch; die Worte und die Guthaben beider Partner sind dort eingetragen; nichts wird vergessen, nichts ist gratis.

Die Gefühlsbuchhaltung scheint auf dem Prinzip zu gründen, dass (allem Anschein zum Trotz) die Partner aus ihrer Gemeinschaft gleichwertige Vorteile ziehen müssen.

„Es muss zwischen uns alles gerecht zugehen."

Wie aber will man Vorteile oder Nutzen messen? Sie liegen auf verschiedenen Ebenen, von den materiellen Fragen bis zu den völlig unbewussten Bedürfnissen. Die Bewertung ist sehr subtil und vor allem vollkommen subjektiv (daher partiell, parteiisch und ungleich[22]).

Im Großen und Ganzen sieht es so aus, als ob jedes Privileg, jeder sichtbare Vorteil oder jede Übertretung nur um den Preis eines Schuldgefühls oder einer Verpflichtung gegenüber dem anderen zu Stande käme und als ob umgekehrt das Leid, Opfer und Zugeständnisse jeweils mit einem Gefühl des Verdienstes und von Rechten auf den anderen belohnt würden.

„Das steht mir zu: deine Zeit, deine Liebe, deine Begrüßung." Du hast Schulden bei mir, auch wenn du es nicht weißt, denn du hast mich verführt (bevor ich dich kannte, war ich so ruhig). Ich habe mein Studium aufgegeben, meine Arbeit; ich habe abtreiben lassen, habe meine Heimat, meine Freunde, meine Mutter um deinetwillen

---

[22] Meine Großmutter sagte: „Wir sind alle gleich, aber es gibt welche, die sind gleicher als andere."

verlassen ... *Du schuldest mir etwas für alles, was ich aufgegeben habe.*

Eine Frau beklagt sich viel über die Passivität ihres Mannes. Sie muss alle Entscheidungen betreffs der Kinder allein treffen und die ganze Haushaltsführung organisieren. Er arbeitet in einem Büro, bringt sein Gehalt heim, liest Krimis, sieht fern, um sich zu entspannen, geht mit seinen Freunden aus und kümmert sich sonst im Haushalt um nichts. Sie fühlt sich verletzt und in ihren Forderungen bestätigt.

Infolge beruflicher und persönlicher Veränderungen gewinnt der Mann an Selbstsicherheit, macht seine Standpunkte klar, trifft Entscheidungen in der Familie.

Sie sollte eigentlich zufrieden sein, dass ihre Wünsche endlich in Erfüllung gehen. Tatsächlich aber erträgt sie die Umstellung schlecht und ist deprimiert. Ihrem Gefühl von Verdienst und Wert ist der Boden entzogen. Ihre „Vorteile" waren, dass sie sich als bewundernswerte Frau sehen und zeigen durfte ... und als Frau, die ein Recht hatte, sich zu beklagen. Die Genugtuung, die sie aus dieser Gewissheit bezog (einschließlich der Genugtuung, sich über die Situation beklagen zu dürfen, was eine wichtige Belohnung war), wog die Aufgaben auf, die sie erfüllte.

Ich sehe darin auch ein Beispiel für den Widerstand gegen die Veränderung, der deutlich wird, wenn einer der Partner das Gleichgewicht der Spannungen und notwendigen Klagen über das Verhalten des anderen stört.

Alles spielt sich ab, als verleihe das Leiden Rechte und als schüfe die Freude Schulden.

„Ich habe diese Affäre, die du da gehabt hast, geduldet und verstanden. Ich wollte kein Hindernis sein, dich nicht daran hindern, dich auszuleben. Ich habe dir sogar vorgeschlagen, dass du eine Woche mit ihm in Urlaub fährst. Jetzt erwarte ich von dir ... du schuldest mir ... da habe ich jetzt das Recht ... denn ich habe durch dich gelitten."

Je mehr ich leide, desto größer ist mein Wert. Das Leiden erlaubt so, Verdienste anzuhäufen: „So wird man mir mehr schulden ..." Das erklärt die bei manchen Paaren so unglaublichen Entbehrungen, Entfremdungen und alle Arten von Zwängen.

Allem Anschein zum Trotz und trotz aller scheinbaren äußeren Ungerechtigkeit glaube ich, dass ein Paar nur dann Bestand hat, wenn jeder darin gleichwertige Vorteile findet, auch wenn diese in verschiedenen Bereichen liegen und mit unterschiedlichen Preisen versehen sind.

> *„Es gibt keinen Grund dafür, dass wir zusammenbleiben ...*
> *aber es gibt so viele dafür, dass wir einander nicht verlassen."*

„Und wenn es mir Spaß macht, geschlagen zu werden?"[23]

Das kann nur ein Mann oder eine Frau sagen, der/die sich ihres Bedürfnisses bewusst geworden ist, seinen/ihren Masochismus oder Konflikt zu genießen.

Die Privilegien dagegen sind in Verpflichtungen zahlbar: Geschenke, verschiedene Opfer und vor allem Schuldgefühle.

Ich habe bisweilen den Eindruck, dass ein Vergnügen ohne den anderen dem Partner in verschiedener Weise vergütet werden muss:

„Du hast den ganzen Nachmittag mit deinen Freundinnen Bridge gespielt (oder bist im Kino gewesen), während ich gearbeitet habe. Ich dachte, es würde dir eine

---

[23] Dass Männer geprügelt werden, ist weniger bekannt, aber das Phänomen ist weniger selten als angenommen.

Freude sein, mir ein nettes kleines Essen zuzubereiten, und jetzt gibt es nur belegte Brote!"
„Ich habe genau deswegen keine Zeit zum Kochen gehabt, weil ich Bridge gespielt habe."
„Du machst dir einen lustigen Tag. Und ich rackere mich dafür ab!"

Diese Worte „Du machst dir einen lustigen Tag" klingen doch immer wie ein Vorwurf, wie eine unbeglichene Rechnung, nicht wahr?

Man kann sich bezüglich dieses Paradoxons die Frage stellen: Ist die Freude desjenigen, den man liebt, wenn man nicht deren Ursache ist, eine Beleidigung, und verlangt sie Wiedergutmachung und Ausgleich? Und selbst wenn man bisweilen ihre Ursache ist ...

„Ich würde dir am liebsten das nehmen, was ich dir gebe, was du dank meiner hast."

Ich übe somit eine Macht aus, die ständig Bestätigungen und Beweise ihres Bestehens (und ihrer Antastbarkeit) verlangt.

Jean verdient jetzt genug, um Marie ein bequemes Leben zu erlauben. Doch macht er ständig eine große Sache daraus: „Du brauchst nicht mehr zu arbeiten; du kommst dank mir mit interessanten Leuten zusammen. Ich habe viele berufliche Sorgen."
Marie hat den Eindruck, dass er ihr das vorwirft, was ihr neuer Lebensstil ihr gibt, dass er will, sie solle sich ihm gegenüber erkenntlich zeigen, ja schuldig fühlen.
Erträgt er es nicht, dass er nicht mehr wie ein vom Schicksal und der Gesellschaft, von Erziehung und sozialem Milieu her Benachteiligter angesehen wird? Sie muss ihm nun das Gefühl von Verdienst geben, das ihm sein sozialer Aufstieg genommen hat.
Ist also der Verdienst umgekehrt proportional zur Macht?

> *Man kann seine Schulden bezahlen ... ohne sie allerdings zu begleichen.*

In der Gefühlsbuchhaltung, die selten offen dargelegt wird, aber dennoch stets gegenwärtig ist, gibt es auch den *Zwist der Vergangenheit*.

Diese nicht rückzahlbaren Schulden, die wir bei anderen haben – bei den Eltern (vor allem bei der Mutter liegen die anklagenden Rechnungen für das Geschenk des Blutes, ihrer Ängste, ihrer Jugendzeit, ihrer sorgenvollen Nächte, ihrer vergeudeten Talente, des erlittenen Lebens, der vergessenen Wünsche ...).

Die Gefühlskonten eines Paares beginnen bei der Begegnung nicht bei Null; sie enthalten schon einiges aus der jeweiligen Vergangenheit.

Das summiert sich dann in geometrischer Reihe im Rhythmus der Enttäuschungen.

Die Forderungen und Erwartungen an den Partner spiegeln oft Frustrationen aus der Kindheit wider, die der andere zu reparieren hat.

Man verlangt von seinem Partner das, was man von seinen Eltern nicht bekommen hat:

„Mein Mann hatte eine unglückliche Kindheit. Seine Mutter hat ihn vernachlässigt, sein Vater war sehr streng. Es ist ganz normal, dass er von mir so viel Aufmerksamkeit und Mitgefühl erwartet und dass er wenig auf mein Bedürfnis nach Zärtlichkeit eingeht. Und ich schäme mich im Hinblick auf ihn fast, dass ich so verhätschelt worden bin."

Die existenzielle Schuld, die man seinen Eltern gegenüber auf sich geladen hat, wird hauptsächlich an den eigenen Kindern abgegolten. Doch lädt man dafür einen Teil seiner Rachsucht oder Anerkennung beim Partner ab. Die vertikalen Bindungen von Eltern zu Kindern, von Kindern zu Eltern bleiben die stärksten, und die horizontale Beziehung des Paares fügt sich wie ein Ventil in diese unsichtbare Verkettung ein.

> „Meine Mutter hat sich für ihre Kinder aufgeopfert. Sie arbeitete, damit wir leben konnten, kümmerte sich nie um sich selbst. Ich möchte heute nicht, dass meine Frau arbeitet; ich helfe, habe wenige Ansprüche, bin da, um ihr zuzusprechen und zuzuhören. Meine Freude liegt darin, dass sie stets für unsere Kinder da sein kann."

Dieser Mann erstattet somit seiner Frau alles, was er als Pflichtgefühl seiner Mutter gegenüber empfand. Er entledigt sich einer Schuld, die ihn belastet (und die noch schwerer auf seiner Frau lasten könnte).

> *Wenn ich dich weniger liebe, ertrage ich weniger Ungerechtigkeit; das Gegenteil stimmt nicht immer.*

„Du gibst mir so viel, dass du nicht annehmen kannst, was ich dir anzubieten habe."

5. Kommunikation und Beziehungsdynamik

> *„Wir hätten sprechen sollen, und wir haben geschwiegen. Wir haben uns mit dem Schweigen unserer Zurückhaltung, unserer Ängste, unseres Grolls getötet."*

Jenseits der Kommunikationsphänomene, des Gebens und Empfangens, wird es interessant sein, sich Fragen über die bei jedem Partner vorherrschende Beziehungsdynamik zu stellen.

Darunter verstehen wir die Gesamtheit der „Szenarien", der „überlieferten Aufforderungen" und der „unbewussten Verhaltensweisen", die sich ungeachtet des Kommunikationsmodus oder der in die Beziehung eingebrachten Stimuli ständig wiederholen, neu entstehen, sich entwickeln. Die Entdeckung, die Aufdeckung (Bewusstwerdung) der vorherrschenden Beziehungsdynamik ist eine echte archäologische Aufgabe, die oft Jahre in Anspruch nimmt. Die Enthüllung ist stets leidvoll – „Das Schwere an der Suche nach Wahrheit ist, dass man sie manchmal findet!"

> *Es ist ein schwieriges, beschwerliches, gefahrvolles Unterfangen, denn es bezieht sich auf die Suche nach einem unbewussten Preis, den wir dem anderen in Rechnung stellen.*

- Der Beweis des Gegenteils:
  Sie wird beweisen wollen, dass sie nicht geliebt werden kann, verlassen und zurückgewiesen werden wird.
  Er wird den Gegenbeweis antreten, dass er sie immer lieben und, egal, was kommen mag, sie nie verlassen wird. Das ist ein Kampf bis aufs Messer zwischen den beiden.
  Sie wird sagen: „Die totale Ergebenheit dieses Mannes löste in mir eine schreckliche Wut aus. Er war wie eine allzu gute, allzu vollkommene Mutter; ich hatte dafür ein braves Mädchen zu sein, eine gute Frau. Das war einfach unerträglich; ich musste da raus."
  „Wenn mich jemand liebt, stelle ich ihn auf die Probe (dann bin ich beruhigt). Ich habe dann die Bestätigung, dass er sich etwas aus mir macht, weiß, wie weit ich gehen kann, auch wenn ich böse und unbeständig erscheine."
  „Ich finde es schwer zu geben, wenn du ohne Unterlass nimmst und forderst."
- Die gegenseitigen Pseudoüberzeugungen:
  „Ich glaube, dass er mich verlassen wird, wenn ich ihm sage, dass ich einen anderen begehre. Denn er glaubt, dass ich nie Verlangen nach einem anderen haben könnte."
  „Ich hole mir bei dir, was ich will, und ich verlange von dir, es mir nicht zu geben."
  Ich nehme mir von dir dieses Taschentuch, dann verlange ich es zurück, und die Heftigkeit meines Verlangens führt dazu, dass ich es zerreiße. Ich zerreiße somit das, was ich von dem anderen fordere. Es ist einfach für mich zu nehmen.
- Die Disqualifizierung:
  „Ich war ihm so sehr gram wegen allem, was er nicht war, dass ich nicht schätzen konnte, was er war – ich sah ihn nicht einmal."

Was gebe ich dem anderen, wenn ich nur meine Forderungen an ihn herantrage?

> *Woraus besteht unsere Bindung? Aus dem, was mich festhält, oder aus dem, was mich von dir trennt?*

„Ich habe Jean in seiner Liebe entmutigt, indem ich nicht daran glaubte. Er hat so lange durchgehalten, mich zu lieben, bis ich mich selbst liebte, bis ich mich selbst endlich lieben konnte ... Und noch heute, wo wir getrennt sind, hat er mich nie verleugnet, wird es niemals tun.
Am Abend unserer Hochzeit waren die ersten Worte, die er in unserem Citroën mit den Konservenbüchsen hinten dran zu mir sagte, nachdem wir unsere Freunde verlassen hatten:
„Na also, glaubst du jetzt, dass ich dich liebe?"
„Nein."
„Habe ich dich also wegen deines Reichtums geheiratet?"
Ich antwortete nichts, aber ich dachte bei mir Ja (dabei besaß ich nichts). Ich habe mich jahrelang an diese Überzeugung geklammert, die für mich notwendig war.
Ich habe ihm mein Können gegeben, meine Beihilfe zu seiner Arbeit, mein Geld und meine Zeit den Kindern, damit er freier war. Ich habe ihm mein Leben gegeben, ohne Vorbehalt, nicht aber mich, die ich keinen Wert besaß.
Ja, ich hätte einfach für ihn da sein sollen, anstatt mich ständig zu verpflichten, etwas für ihn zu tun, um meinen Unwert auszugleichen. Ich fühlte mich zu arm, zu erbärmlich, um etwas anderes zu geben als aktive Geschenke an Stelle der Liebe.
Ich verstehe, während ich diese Sätze schreibe, dass ich das alles vor ihm verborgen gehalten habe und dass er es vielleicht akzeptiert hätte ... Es war schön, so vieles ge-

meinsam zu unternehmen, Seite an Seite zu handeln, aber meine Mühe hat sich ausgezahlt – er hat mich verlassen.

Ich hatte den Beweis erbracht, dass er mich nicht bis zum Ende lieben konnte, und ich habe das Gleichgewicht verloren („Ich kann nicht geliebt werden"), als mein Gegengewicht („Ich werde beweisen, dass du geliebt wirst") sich entfernt hat – zerbrochen, entmutigt, kleiner geworden.

Diese bewegende Erzählung zeigt klar, auf welcher Beziehungsdynamik die Beziehung dieses Paares aufgebaut war.

„Ich mag mich nicht; also kann mich niemand lieben, egal was er sagt oder tut, denn ich selbst weiß, dass das unmöglich ist."

Darauf der andere: „Ich liebe dich und werde dir dafür den unwiderlegbaren Beweis geben, zuerst, indem ich dich heirate, und dann, indem ich dir alle Früchte meiner Kreativität, alle meine Projekte, alle meine Wünsche zu Füßen lege. Alles das für dich allein."

Die Dynamik ist festgelegt: „Je mehr du tust, desto mehr entferne ich mich", „Je mehr du tust, desto mehr lieferst du den Beweis, dass ich nichts wert bin, denn sonst würdest du mir nicht so viel geben."

Für eine andere Person wäre das „geheime Gesetz" vielleicht diese unauslöschliche Überzeugung:

> „Die Zärtlichkeit ist niemals umsonst; man muss immer dafür bezahlen (mit Schuldgefühl, Verzicht oder Pflichten, beispielsweise in sexueller Hinsicht ...), und das will ich nicht."

Sie wird also Verzicht üben und dabei gleichzeitig Signale aussenden, die unweigerlich Schuldgefühle erzeugende Reaktionen oder auch sexuelle Konsequenzen haben werden. Die Beziehungsdynamik drückt sich meistens durch Symptome aus (irrationales Wiederholungsverhalten). Es wird beispielsweise Systeme der Intimbeziehungen geben, in denen die Symptome des einen Partners für die Aufrechterhaltung oder sogar das Überleben der Beziehung notwendig sind, selbst wenn das die Beziehungen erschwert und mühsam macht.

> Da gibt es den Ehemann, der seinen Frust darüber, ein Mann zu sein, dadurch lindert, dass er sich sehr aktiv und in kompetenter Weise um Kinder und Haushalt kümmert, weil, wie er sagt, „die Frau immer krank ist".
> Er wird nicht wünschen, dass sie gesund wird (und wird viel dafür tun, dass das so geschaffene Gleichgewicht um jeden Preis erhalten bleibt).
> Eine andere Frau gibt vor, dass sie ihren Mann deshalb überallhin begleiten muss, weil er Angst vor dem Autofahren hat. Das ist die Gelegenheit für sie, ihre eigene Phobie nicht konfrontieren zu müssen: „Ich bewältige beziehungsweise kontrolliere meine eigene Angst, indem ich die seine aufrechterhalte."

Das Beziehungssystem eines Paares kann ein „schwarzes Schaf" brauchen, dessen Symptome einen rituellen Wert haben, der manchmal sogar Opfercharakter hat.

> Der Vater: Du hast dieses Kind stets verzogen. Wie willst du, dass es gehorcht?
> Die Mutter: Ich hätte es nicht zu tun brauchen, wenn du es richtig geliebt hättest, als es klein war, wenn du dich mehr um es gekümmert hättest.

Wenn die Auseinandersetzungen fortdauern und die Eltern drohen, auseinander zu gehen, versagt das Kind in der Schule, wird Bettnässer oder zeigt irgendein anderes Alarmzeichen (um das System zu unterhalten, in dem es zwar der Spielball des Konflikts ist, durch welches es aber auch Aufmerksamkeit bekommt).

In einer anderen Dynamik versagt es sich der Mann trotz der zahlreichen Gelegenheiten, die ihm sein Beruf bietet, sich mit anderen Frauen einzulassen. Seine Frau selbst ist allerdings sexuell recht zurückhaltend. Er sagt oft: „Wisst ihr, ich habe mir einige Chancen mit sehr freizügigen Frauen entgehen lassen, aber ich habe meine Frau nie betrogen; ich achte sie zu sehr." Irgendwie fühlt er sich um etwas Wichtiges betrogen. Nun wird er anfangen, durch seine Tochter zu leben, die, den unterdrückten Wunsch des Vaters auslebend, ein sehr bewegtes Sexualleben führen wird. Er wird gegen das Verhalten seiner Tochter ankämpfen, indem er immer mehr in ihre Intimsphäre eindringt (Abhorchen der Telefonanrufe, Öffnen der Post, Spähen beim Rendezvous, Voyeurismus). Er wird sie auf schnellstem Wege unter die Haube bringen wollen: „So hast du dann deine Ruhe mit einem Mann, wie ich es mit meiner Frau hatte."

Wir haben somit den Beweis, dass der Inhalt eines Austauschs dieser Art, wenn er nur als Kommunikation verstanden wird, genau in eine Sackgasse und zu „unsinnigen Diskussionen" führt.

Alle diese Symptome treten am ehesten bei Paaren auf, die nach mehreren Jahren des gemeinsamen Lebens ein geringes Differenzierungsvermögen oder auch einen hohen Grad an Verschmelzung haben.

> *Wir erfanden uns eine gemeinsame Zukunft mit verschiedenen Träumen. Dabei erkannten wir nicht, dass uns das in der Gegenwart einander entfremdete und den Schwung abtötete, der uns die Sporen gab.*

Welche Vorteile bringt ein „Ungleichgewicht" in der Beziehung?

> *„Wir würden gerne einander berühren,*
> *aber wir schaffen es nur,*
> *einander Schläge zu verpassen."*
> Jean-Luc Godard

Wenn Schmerz, Demütigung und Frustration zum Alltag gehören und auf Dauer gepflegt werden, bringen sie selbstverständlich auch sekundäre Vorteile.

Diese sind oft nicht sehr klar, sind paradox und gegen jegliche offensichtliche Logik. Es mag zu ihrer Entwirrung nützlich sein, sich die folgende Frage zu stellen:

> „Was würde geschehen, wenn diese oder jene Verhaltensweise oder Einstellung (bei mir oder bei dem anderen), über die ich mich beklage, nicht mehr bestünde? Was wären die Nachteile aus dieser Veränderung für mich?"

> *„Den anderen in den Wahnsinn zu treiben liegt in der Macht eines jeden Menschen. Der Preis ist die Auslöschung, der psychische Mord am anderen, damit er der Liebe nicht entkommt. Damit er nicht auf seine Art denken, fühlen, begehren kann, indem er sich seiner selbst und dessen, was ihm zusteht, gewahr wird."*
> Pierre Felida

> Eine Frau beklagt sich sehr über den schwierigen Charakter ihres Mannes, seine Depressionen, seinen Pessimismus. Sie tut alles, um ihm zu helfen, und hat im Übrigen anderweitig mit gutem Gewissen erfüllende Beziehungen. Der Nutzen, den sie aus der Situation zieht, lässt sich folgendermaßen formulieren: „Es ist so mühsam, mit ihm zu leben, dass ich sicher das Recht habe, mich ein bisschen zu amüsieren, oder?"

Der eine gestattet also dem anderen (und begünstigt damit unbewusst das Geschehen), ein Symptom zu haben, eine Abartigkeit (... „seine Marotten" heißt es manchmal), weil dieses Arrangement das „Aushandeln" eines bestimmten Verhaltens, einer Belohnung oder einer Defensive gestattet.

Auf diese Weise kann man bisweilen die eigenen Ängste beziehungsweise Mängel übersehen.

> Ein Ehemann sagte: „Ich habe keine Freunde oder Bekannten außerhalb der Familie, denn meine Frau geht nicht gerne aus, will die Kinder nicht allein lassen und auch selbst nicht allein bleiben."

Er vermeidet so, seine eigenen Schwierigkeiten, Beziehungen und freundschaftliche Kontakte herzustellen und zu pflegen, bewusst zu erleben.

Bestimmte Verhaltensweisen eines Paares in der Öffentlichkeit können diejenigen überraschen, die davon Zeugen werden und das Beziehungsspiel nicht durchschauen.

> Da ist der Mann, der seine Frau öffentlich herunterputzt, ohne dass sie ihm Kontra gibt oder sich davon berührt zeigt. Was ist ihr gegenseitiger Nutzen?
> Es kann für die Frau eine erweiterte narzisstische Genugtuung sein: „Seht mal, wie er mich behandelt; ich verdiene euer Mitleid und eure Sympathie für die Art und Weise, wie ich das stoisch ertrage."

Oder für den Mann: „Seht mal, mit wem ich zu leben verdammt bin. Ich habe Lob verdient, weil ich sie nicht verlasse."

Aber die subtilen Preise und Vorteile der ehelichen Zerstörungsspiele sind noch verborgener, noch unbewusster; sie spielen sich auf verschiedenen Ebenen ab.

Was ist beispielsweise zu einem bestimmten Zeitpunkt in einer Paarbeziehung die Funktion einer Krankheit als somatischer Ausdruck des einen oder des anderen?

Wozu dienen die Angstkrisen in einer Ehe? Was sagen Müdigkeit und Depressionen aus?
Er erzählt: „Jedes Mal, wenn sie telefoniert, ist ihre Stimme heiter; sie ist lebendig, fröhlich, angeregt mit ihren Gesprächspartnern. Kaum richtet sie das Wort an mich, ist da eine Klage, etwas Melancholie, Ohnmacht, Lebensüberdruss ..."
Sie erzählt: „Wenn er allein mit Freunden ausgeht, ist das wie ein Fest; er kommt spät nach Hause und ist doch nie müde. Schlage ich dagegen vor, zum Essen auszugehen, herrscht gleich eine lastende, müde Stimmung, und die mangelnde Vorfreude macht dem Abend ein frühes Ende ..."

Es scheint mir dennoch wichtig zu sein, sich die Vorteile des Leidens, der Wut, der Eifersucht und dergleichen möglichst oft bewusst zu machen, bevor wir den Versuch unternehmen, etwas daran zu ändern.

> „Letztendlich muss man es verstehen, sich mit Freude aufzuopfern und trotz allem zu lieben, schloss sie mit einem schrecklichen, engelhaften Lächeln."
> *Albert Cohen*

Gemeinsamkeiten, Austausch und wechselseitige Überlagerung der Beziehungssymptome[24]

> *Jede Beziehung ist asymmetrisch, sowohl durch die unterschiedlichen Investitionen von Gefühl und Liebe als auch durch die unterschiedlichen Potenziale.*

Manche Partner werden die störenden oder verbotenen Tendenzen und Ängste isolieren, lokalisieren und auf ihren Partner projizieren und ihn dahin bringen, dass er ihr Problem ausdrückt und für sie trägt. So können irrationale Gedanken und Erinnerungen oder Ängste mittels doppeldeutiger Botschaften von einer Person auf die andere übertragen werden und im Extremfall dazu führen, dass der andere an seinen Wahrnehmungen und seiner Vernunft, an seinen eigenen Erinnerungen und Gefühlen zweifelt.

Sie hat mit einer Therapie begonnen, weil sie unter unerträglichen Angstzuständen bezüglich der Gesundheit ihres Mannes leidet. Er erträgt gerne die Gluckenmentalität seiner Frau, ist von den Zwängen, die sie ihm hinsichtlich seiner Bewegungsfreiheit (Wahl der Speisen oder Aktivitäten) auferlegt, amüsiert oder manchmal auch etwas verlegen.
Solange sie seine Ängste auf sich nahm, kümmerte er sich nicht sonderlich um seine Gesundheit, seinen Zustand: „Jemand, den ich liebe, lebt meine Angst aus; alles ist in Ordnung." Jedes Mal aber, wenn sie sich weniger um ihn kümmerte, sie sich weniger Sorgen machte,

---

[24] Manche in Kapitel 3 und 4 aufgeführten Beispiele und Ideen sind direkt von einem Artikel von J. L. Framo mit dem Titel *„Symptoms from a family transactional viewpoint"* (1970).

entwickelte er „stechende Brustschmerzen". Macht die Therapie seiner Frau etwas Fortschritte, so wird er „sehr krank" werden, bis er schließlich die Angst in ihr reaktiviert. Was wird sie in dieser Ausweglosigkeit unternehmen?

In einem anderen Beispiel tritt eine übergewichtige Frau den Beweis an, dass ihr jemand verbieten muss, zu viel zu essen, oder dass er es ihr zumindest vorwerfen muss, damit sie es sich erlauben kann. Ihren Mann stört „diese Unfähigkeit, sich zu disziplinieren"; er macht sich häufig über sie lustig. Sie steckt die Verletzung durch sein „Aufziehen" weg, indem sie mehr isst. Ein eingehenderes Nachforschen zeigt, dass der Mann sich selbst tadelt: Er gestattet es sich nicht, sich selbst gegenüber nachsichtig zu sein, und überträgt daher seinen eigenen Essdrang zum Teil auf seine Frau, indem er sie auf subtile Weise durch seine Vorwürfe und sein „Aufziehen" zum Essen ermutigt.

Eine der Vorgehensweisen, die für die Not eines Paares als ausschlaggebend empfunden wird, ist die, zwanghaft nach einem Sündenbock für eigenes Verhalten und das, was einem zustößt, zu suchen.

Das hat zur Folge, dass die eigene Verantwortung mittels zweier einander ergänzender Strategien auf den Partner übertragen wird.

- *Einander mit Anklagen überschütten* (auch mit den gutartigsten): „Kaum drehe ich mich im Bett dir zu, drehst du mir den Rücken zu" (wo sie vielleicht doch nur die Wärme seines Bauches im Rücken spüren möchte).
- *Sich dafür rechtfertigen,* was in einer Situation getan, geplant, im Voraus bedacht werden musste, und zwar für den anderen.

So fühlt sich jeder dem anderen als hilfloses Opfer eines ungerechten oder ungeeigneten Eingreifens ausgesetzt.

„Was ich wirklich will, ist, nicht mehr von dir das zu erdulden, was ich nicht will."

> *„Bei dir fühle ich mich intelligenter, lebendiger, leichter, großzügiger, heiler; es ist, als träte ich in die poetische Zeit meines Lebens ein."*

Irrationale Rollenzuteilung

> *Wir wählen nicht immer den Bruch oder wirklich den Kummer; wir wählen oft das Überleben.*

Die Rolle ist die Gesamtheit der Verhaltensweisen und Reaktionen, die auf den Erwartungen gründen, von denen wir uns einbilden, dass sie der andere von uns hat.

Die stillschweigende oder ausdrückliche Zuweisung von Rollen spiegelt die unterbewussten Versuche wider, die einer der Partner unternimmt, um zu dominieren beziehungsweise um die seelischen Konflikte zu „inszenieren", die von den prägenden Erlebnissen in seinem Elternhaus oder auch den Leitfiguren aus seiner frühen Kindheit herrühren.

Durch die von einem Paar angenommenen Rollen kann es zum Versuch einer zwischenpersönlichen Lösung innerer Konflikte kommen. Der missbräuchliche „Besitz" des Liebesgegenstands als Hauptmotiv der irrationalen Zuweisung von Rollen trägt dazu bei, die Individuation (Auflösung der Symbiose) zu verhindern, die zur Katastrophe der Trennung führen würde und zu der schmerzlichen Einsicht, dass man Vater und Mutter unwiderruflich „verloren" hat. Bei manchen Menschen kommt es nie zu dieser Trauerphase; sie werden alle Mittel der Überzeugungskunst anwenden, um den anderen auf das vorschriftsmäßige Verhalten zu „drillen", und werden ihn erforderlichenfalls der Illoyalität bezichtigen, in ihm Schuldgefühle erzeugen oder ihn mit emotionalem (ich liebe dich nicht mehr; ich will dich nicht mehr lieben) oder legalem Entzug (wir müssen uns trennen beziehungsweise scheiden lassen) bedrohen.

Das Bedürfnis nach einem befriedigenden Objektbezug scheint eine der fundamentalen Motivationen im Leben des Menschen zu sein. Wir haben gesehen, dass sich innerhalb eines Paares dasselbe Kräfteverhältnis wie im jeweiligen Elternhaus einstellt. Wenn daher das Verhalten des einen als Zurückweisung, Verlassen oder Verfolgung empfunden wird, wird der andere seine Frustration so steuern, dass er den Geliebt-Gehassten verinnerlicht, um ihn so zu kontrollieren, ihn in seiner inneren Welt zu besitzen, wo er als psychologische Darstellung des „guten Objekts" festgehalten wird.

Das kann eine Dualität oder einen inneren Konflikt heraufbeschwören, der ein Stolperstein für jeden Versuch sein wird, sich aus einer symbiotischen Beziehung zu lösen:

- starkes Verlangen nach Verschmelzung mit dem geliebten Menschen, damit er Teil des eigenen Selbst wird,
- sich selbst „besessen" (gebunden, gefangen) fühlen mit der Empfindung, die eigene Persönlichkeit verloren zu haben: „Ich bin niemals ich selbst",
- gezwungen sein, es zum Bruch kommen zu lassen, um die eigene Unabhängigkeit oder Identität zu finden, und wenn die Beziehung dann zerbrochen ist ...
- sich verloren, isoliert, einsam, wertlos, deprimiert fühlen.

Was einen dazu anregt, neu zu beginnen, ist die Suche, der Hunger, und so fort.

Bei solchen Paaren wird der Partner als Bestandteil des eigenen Selbst betrachtet. Er wird damit auf dieselbe Weise behandelt, wie dieser Teil des Selbst geschätzt, gewertet, verzogen, verhätschelt oder verneint und sogar verfolgt worden ist.

Das Risiko besteht darin, dass die Partner jeweils aus dem anderen einen Sündenbock machen und die Projektion ihres unbewussten Versuchs benutzen, um den anderen dazu zu bringen, dass er ihnen entspricht oder die gespaltenen verinnerlichten Objekte verwirft.

Die Idealisierung des anderen kann so ein starkes Band zwischen allen Defensivmechanismen des ehelichen Schlachtfeldes werden, wenn die Partner jeweils dem anderen schlechte Gefühle unterstellen, die sie bei sich selbst nicht erkennen wollen, oder wenn sie aus dem anderen den Inbegriff des Guten machen und alles Negative auf sich nehmen.[25]

Alle diese unbewussten und aktiven Versuche werden unternommen, um die engen Verbindungen zu verändern, damit sie sich den verinnerlichten Modellen anpassen.

Diese Vorgehensweise gestattet zu verstehen, warum manche Menschen Bindungen wählen müssen, die sie in so viel Not bringen, und warum manche zwar in ihren sozialen Beziehungen Erfolg haben, aber dann unfähig sind, die Intimität einer engen Beziehung zu ertragen.

Wieder andere suchen Mitspieler außerhalb der Beziehung; um eine Liebesbeziehung aufrechtzuerhalten, kann eine dritte Person als Feind heraufbeschworen werden, dessen Bedrohung die Beziehung festigt.

Diese Prozesse erfüllen verschiedene für das Aufrechterhalten des persönlichen Gleichgewichts unverzichtbare Funktionen – auch wenn der Preis dafür ein Ungleichgewicht in den engen Beziehungen ist. Man vermeidet so die Angst, bewahrt das seelische Gleichgewicht und hält die alten symbolisch aufbewahrten Liebesobjekte fest, indem man sie im anderen aufleben lässt und damit den Schmerz des Verlusts und der Trauer vermindert.

---

[25] Das erklärt in manchen Fällen die Verwirrung, die Verzweiflung, das unvermeidliche Leid, wenn der andere sich entfernt: Er nimmt das Gute mit sich fort.

Wenn ich, im Übrigen sehr kurz gefasst, einige der „pathologischen" Beziehungsdynamiken enger Beziehungen beschrieben habe, so geschah dies, um zu einer Hinterfragung in diesem Bereich einzuladen und um auch die Grenzen einer Verbesserung der Kommunikation durch bloßen guten Willen oder Anstrengung der Partner aufzuzeigen. Ein fest verankertes, von der Vergangenheit gestaltetes Beziehungssystem kann nur schwer von einem der beiden Partner verändert werden. Da jeder das System durch neue Zusätze nährt, um es zu erhalten (die Kreativität und Findigkeit in dieser Hinsicht ist fantastisch), werden bei der geringsten Veränderung alle Widerstände ins Spiel gebracht.

Den anderen schachmatt setzen: „Ich werde immer schwächer sein als du, und da kannst du gar nichts machen, egal was du tust", „Schau nur, wie schwach und schutzlos ich bin; egal was du tust, du wirst nichts für mich erreichen können". Das wirkt wie ein Ansporn, wie eine Herausforderung, die der andere annimmt, um zu beweisen, dass er doch etwas tun kann, „glücklich machen" kann, „das ungerechte Schicksal besiegen" kann, Liebe „machen" kann und so fort.

Und oft ist das Bewusstwerden des Ablaufs, die klare Einsicht in die vorhandenen Mechanismen nicht ausreichend, um eine Änderung herbeizuführen. Gewonnenes wieder loszulassen, die überlegene oder unterlegene Position aufzugeben, der eigenen Angst ins Auge zu sehen, zu trauern, altem Schmerz entgegenzutreten ist etwas, das demjenigen, der es erleben muss, unmöglich oder unnütz erscheint. Also bewahrt er das Ganze, und das System dauert fort ...

WUCHERN = um sich greifen auf Kosten der Umgebung.
MIT SEINEN PFUNDEN WUCHERN = wachsen zum Nutzen der Umgebung.

Ich schleppe hinter mir her

Ich schleppe hinter mir her
zu viele Misserfolge und Verluste
Ich habe die schlimme Art eines Mannes,
der untergeht
Alle Bitterkeit des Meeres steigt in mir auf
Ich muss mir immer irgendetwas beweisen
Sei's drum, dass ich zerstöre, und sei's drum,
dass ich zermalme
Ich muss mich für meine Schande rächen.

Warum nicht selbst Schmerzen schaffen, quälen
Habe ich nicht auch das Recht, wild zu sein
Habe ich nicht auch das Recht auf Grausamkeit
Ja! Etwas Schlimmes zu tun wie Knochen zerbrechen
Warum nicht über andere
diese schreckliche Macht haben
Habe ich nicht genug gelitten, nicht genug geseufzt.

Louis Aragon

6. Die Kenntnis des anderen, die Veränderung

> *Sich verändern bedeutet nicht, dass man*
> *ein anderer wird;*
> *es bedeutet, der zu werden, der man ist*
> *... und es anzunehmen.*

Dieses Kapitel wird vor allem aus Fragen bestehen,
aus offenen Alternativen.
Es birgt keinerlei Rezept,
enthält kein Zeugnis von irgendeinem Erfolg.
Es will ein Aufruf sein.

> *Es ist anfangs doch recht schwierig, das Leben mit*
> *HABEN zu konjugieren (ich habe eine Frau, einen*
> *Mann) und zu versuchen, es mit SEIN zu leben (ich*
> *bin mit einer Frau, mit einem Mann zusammen).*

Was man alles herausschneiden, wovon man sich losreißen muss, um den Beginn eines Anfangs
anzunehmen.

Ein möglicher Weg ... schwierig, aber möglich.

Die Kenntnis des anderen

> *„Alles, was ich weiß und was du nicht weißt, ist für mich in deiner Hinsicht sowohl ein Geschenk als auch eine Waffe.*
> *Alles, was du weißt und was ich nicht weiß, erzeugt mein Verlangen nach dir und ist zugleich eine Bedrohung."*
> E. Amado-Levy-Valensi

Meistens gründet die Kenntnis auf einem WISSEN.

„Ich kenne ihn, denn ich weiß Dinge von ihm, über ihn."

Ich meine, dass diese Art von Kenntnis in Beziehungen nur eine erste Ebene ist; will man eine Beziehung eingehen, setzt das eine andere Ebene voraus, die des ERLEBENS, um mit dem anderen neu geboren zu werden. Das wiederum setzt voraus, dass man sich selbst erneut entdecken kann oder sich manchmal in unerforschten Bereichen überhaupt entdecken kann (Gefühle, Sexualität, Aggressivität ...), und dass man sich mit-„teilen", sein Herz öffnen, ansprechbar sein kann, dass man seine Gedanken über das Erlebte und Gefühlte enthüllen kann.

Ein verlangendes Wesen zu werden bedeutet das Wagnis einzugehen, den anderen zu verletzen, indem man andersartige Wünsche ausdrückt.

Ich halte es für wichtig, anspruchsvoll zu sein; was die Liebe abtötet, ist, dass man alles verzeihen, alles verstehen will.

Es ist gut, dem anderen wie auch sich selbst gegenüber ein gewisses Anspruchsniveau zu bewahren.

Die eigene Existenz zu festigen, das ist die Möglichkeit, sich weder in den Wünschen und Forderungen des anderen noch in den eigenen zu verstricken.

Der schwierige Konsens des Paares: „Wie weit kann ich gehen, dass mir der andere meine Wünsche erfüllt, ohne dass ich ihn verletze?"

> *Eine zu große Nähe hindert den Blick daran, sich zu erweitern, und ich riskiere es, dich durch Gesten, die mir viel bedeuten, zu verletzen.*

„Wir sind wie Seefahrer ohne Kompass und Heimathafen, verloren in der Nacht der Gefühle, zerrissen von den frühen Morgen ungeschickter und zu kurzer Begegnungen, zerstückelt im Moment des Sich-wieder-Findens."

Je verstörter, je ungerechter, je übertriebener der andere in einer Situation ist, desto wichtiger ist es, den Kontakt zu bewahren, sich nicht zurückzuziehen oder sich in Schweigen zu hüllen.

1. Das Miteinander-geboren-Werden wird davon abhängen, was man aus den jeweiligen Unterschieden macht:

Zwischen dem Bild, das man hatte, und dem Menschen, den man entdeckt;
zwischen dem, was ich sage, und dem, was der andere hört;
zwischen dem, was ich fühle, und dem, was ich ausdrücke.

Das kann auf folgende Weise geschehen: Eingebrachtes, Güter, Ergänzungen, Anregungen oder Enttäuschungen, Rachegelüste, Kommunikationsmängel, Blockaden.

2. Das Miteinander-geboren-Werden beinhaltet eigenen Wandel, das Infragestellen der eigenen Bilder, der eigenen Gewissheiten und Überzeugungen und des Widerstands gegenüber der möglichen Veränderung des anderen (selbst wenn sie erwünscht ist).

„Ich will nicht, dass du dich veränderst; das zwingt mich, mich auch zu verändern."

„Wenn ich in die Richtung gehe, die du willst, während du in die gehst, die ich verlange, werden wir uns nie entscheiden können, ob wir den nächsten Urlaub am Meer oder in den Bergen verbringen wollen."

Sie kann auch sagen:

„Ich werfe dir vor, dass du deine Überzeugung gewechselt hast. Da du früher nicht wolltest, dass ich in der Frauenbewegung mitmache, warum willst du es jetzt? Wo sind meine Anhaltspunkte, wo ist mein Konflikt? Wenn du jetzt einverstanden bist mit dem, was meinen Widerstand und meine Selbstbestätigung ausmachte, fühle ich mich auf einmal genarrt."

Der Wandel, den sie durchmachen wird, wird sehr anregend sein, auch wenn er schmerzlich und voller Konflikte ist.

Bei einem Paar werden sich die Wünsche nach Veränderung auf den anderen richten:

„Ich möchte, dass du ... tust, dass du ... bist."

Es ist stets der andere, der sich verändern soll, um seinen Platz in unseren Wünschen zu finden. Ein Überschreiten dieser Position ist möglich: „Ich sehe dich so, und das löst Folgendes in mir aus" (und nicht: „Du bist so oder so ...").

> *„Wehe dem, der geglaubt hat, das Leben (oder den anderen) verändern zu können. Er wird für immer eine ungeheure Wut im Herzen bewahren."*

3. Eine mögliche Entwicklung des Miteinander-geboren-Werdens beinhaltet:

- die stets wachsende Fähigkeit unter Beweis zu stellen, dass man die eingefleischten Rollen verlassen kann: Ehemann/Vater/Mann, Ehefrau/Mutter/Frau. Und dass man versucht, einander wie vollgültige Personen zu begegnen, als Mann, als Frau, jeder mit seinem einzigartigen Leben und mit unveräußerlichen Gefühlen, die nicht auf die Position des anderen zu reduzieren sind;
- dass ich mich der Situation entsprechend verhalte und nicht nach Maßgabe dessen, was ich glaube, sein zu müssen (als Vater, Mutter, Ehemann, Ehefrau);
- dass ich meine inneren Gefühle mitteile, meine Wünsche und meine Ängste, dass ich meine Verletzbarkeit zeige;
- dass ich mir meine Zweideutigkeit eingestehe (ich will und will doch nicht, ich wünsche und fürchte);
- dass ich lerne, auf meine eigenen Gefühle zu hören, auf das, was ich empfinde, auf meine eigene Einschätzung der Situation;
- dass ich meine Widersprüche und meine Unstimmigkeit als ein Vortasten wahrnehme.

Den anderen begleiten heißt nicht, dass man ihm blindlings folgt, sondern es hat etwas mit einer bestimmten Art des Daseins und Erlebens an seiner Seite zu tun.

Es bedeutet, seine Ängste und Wahnvorstellungen auszusprechen, sich im Ausdrücken der verborgenen Wünsche zu begegnen, damit diese gehört werden – ohne dass sie deswegen gleich verwirklicht oder erfüllt werden müssen.

> Wenn das Leiden des einen das Gegenstück zur Freiheit des anderen ist, so wird das gemeinsame Leben unerträglich.

Viele fragen sich, wie man ein Gleichgewicht erreichen kann zwischen persönlicher Entwicklung, Freiheit, Unabhängigkeit, Öffnung und privilegierten Wechselbeziehungen innerhalb des Paares.

Die Schwierigkeit liegt darin, sich bei diesem Vorgehen gemeinsam zu verändern, ohne sich zu zerstreiten und ohne dass einer allein die treibende Kraft ist; sich progressiv zu verändern durch gegenseitige Einflüsse, indem man dem anderen zuhört.

Es gibt keine echte Veränderung ohne Krisen und Schmerzen. Wir wissen alle, dass es viele „notwendige" Krisen in einer Paarbeziehung gibt, egal ob in einer Ehe oder einer anderen Lebenspartnerschaft. Alle sieben Jahre, so heißt es, und gewiss noch öfter.

> *„Ja, verliebt zu sein in jemanden, der eine Gabe zum Glück hat, und mich tragen zu lassen von der unermesslichen Großzügigkeit, die er in mir erwecken würde."*

Kinder, Faktoren der Veränderung

> *„Ich wollte, dass da mehr Leben zwischen uns sein sollte, um alles lebenswerter zu machen."*
> *„Es sind die Unschuld und die Spontaneität, die wirklichen Mut erfordern, was immer auch die Wunden sein mögen, die oft daraus entstehen.*
> E. Jong

Der Kult um das Leben als Paar schließt mehrere Themen ein, deren sichtbarstes die Glorifizierung der Mutter-Frau und der mütterlichen Funktion ist. Es darf nicht vergessen werden, dass unter allen Szenarien, aus denen Paare hervorgegangen sind, das der Kindererzeugung das häufigste ist. Wir wollen, dass dieser Begriff seinen Sinn voll und ganz bewahrt: zeugen, erzeugen. Ihm liegt der Gedanke zu Grunde, sich Dauer zu verleihen, sich zu vergrößern, sich zu verwirklichen oder sich wieder aufzubauen.

Kinder führen das Paar durch die sich ergebende Dreiecksbeziehung erneut in die verschiedenen Bereiche von Realität, Fantasie und Symbolik ein. Es gibt hier so etwas wie eine Übertragung des zuvor und anderswo erlebten Imaginären in das Hier und Jetzt der Beziehungen. Die Neugestaltung der dualen Beziehungen ruft in den Beziehungssystemen Spaltungen und Brüche hervor.

Ein Paar mit Kind ist stillschweigend aufgefordert, das Beziehungssystem in jeder der wichtigen Etappen seines Lebens zu verändern: Geburt, das „schreckliche dritte Jahr", Einschulung und vor allem die Pubertät.

Wenn beispielsweise bei Beginn der Pubertät einer der Partner seine Haltung verändert (indem er sich abschließt oder dem Kind nicht mehr zuhört), besteht das Risiko eines offenen Konflikts, eines möglichen „Knalls" oder einer Öffnung des anderen für eine neue Beziehung.

Wenn keiner der beiden sich verändert, ist es der Jugendliche, der verstümmelt wird, das Weite sucht oder sich auflehnt.

Die „jugendliche Unrast" ist das große Infragestellen der etablierten Wertsysteme, was immer diese sein mögen.

Das ist gleichzeitig begeisternd und gefahrvoll.

Wenn die Eltern in diesem Moment wahrnehmen können, dass ihr Konflikt eine Widerspiegelung des inneren Konflikts des Heranwachsenden ist, der zwischen seinem Bedürfnis nach Selbstständigkeit und seinem Bedürfnis nach elterlicher Liebe, Festigkeit und Autorität gespalten ist, können sie ihn in seinem dramatischen, endgültigen oder tragischen Aspekt erleben, in den sie ihn manchmal einschließen.

Die Eltern von Jugendlichen geraten häufig in Konflikt über die verschiedenen möglichen Erziehungssysteme. Sie schwanken zwischen dem Bedürfnis zu kontrollieren und dem Wunsch, die Erfahrung des jungen Menschen zu akzeptieren.

Wir könnten hinzufügen, dass Kinder in ihrem Verhalten häufig die Beziehungssymptomatik des Elternpaares fortsetzen.

> *Manche Momente sind noch zarter als Blütenblätter aus Tränen.*

7. Eine mögliche Entwicklung in der Dynamik des Paares

*... und die Angst vor der Veränderung.
Wenn mein verwirrter und verletzlicher Blick
sich Gewissheiten öffnet, die Sprünge bekommen, und wenn
er sich im Unvorhersehbaren verirrt ...*

Wie sich die Liebesdynamik eines Paares entwickeln kann

> *„Das vollkommene Teilen zwischen zwei Menschen
> ist unmöglich, und jedes Mal, wenn man glauben
> könnte, dass ein solches Teilen erreicht worden ist,
> handelt es sich um ein Abkommen, das den anderen
> oder auch beide um die Möglichkeit bringt, sich voll
> und ganz entwickeln zu können.
> Wird man jedoch die Entfernung gewahr, die zwei
> Menschen voneinander trennt, ganz gleich wer sie
> sind, wird ein wunderbares Nebeneinander möglich.
> Beide Partner müssten fähig werden, diese Entfer-
> nung zu lieben, die sie trennt und dank derer jeder
> von ihnen den anderen gewahrt – ganz, sich deutlich
> gegen den Himmel abzeichnend."*
> Rainer Maria Rilke

Die meisten Paare „starten" von einer Liebesbeziehung aus, die ich als AUSSCHLIESSLICH bezeichne und die auf dem impliziten Grundsatz basiert: „Du bedeutest mir alles; ich bedeute dir alles. Du bist der/die Einzige für mich; ich bin der/die Einzige für dich."

Da besteht das Risiko, eine Verschmelzungsbeziehung zu entwickeln, in der das jeweilige Ich nicht mehr genügend vom anderen differenziert ist.

Oder auch, dass man ein Pseudo-Ich entwickelt:

„Ich werde so sein, wie ich spüre (oder zu spüren glaube), dass du mich haben willst, wie ich spüre, dass du mich liebst."

Diese auf der Verschmelzung gründende Dynamik wird rasch in ein Besitzverhältnis münden und zu einer gegenseitigen Entfremdung führen, die durch eine Pseudosicherheit mittels ausgesprochener und unausgesprochener Klage und Gewinn aufrechterhalten wird:

„Ich fühle mich bei dir nicht frei."
„Aber da bist du ja."
„Ich kann nicht ich selbst sein."

In zahlreichen Fällen wird es zu einem bestimmten Zeitpunkt im Leben des Paares – bei den jungen Paaren immer früher – ein Übertreten der AUSSCHLIESSLICHKEIT durch eine gelegentliche parallele Beziehung flüchtiger oder dauerhafter Art geben. Die außerehelichen Beziehungen sind häufiger und bedeutsamer, als es dem Anschein nach wahrgenommen wird.

Für D. de Rougemont ist „ein Paar der Zusammenschluss einer bestimmten Anzahl von Unterschieden, und unter gewissen Umständen funktioniert das genauso wie ein Zusammenschluss von Gruppen, von denen eine jede ihre eigenen Gesetze hat".

Diese Art von Abkommen schließt Uniformisierung (sei wie ich) und Verschmelzung (ich bin du) aus. Mann und Frau sind darin gemeinsam frei, weil eben keiner von ihnen im anderen aufgeht.

In dieser Perspektive garantiert die Einheit die Selbstständigkeit, anstatt sie auszuschließen.

Zu Beginn einer Liebesbeziehung ist das Paar in seiner wirtschaftlichen Wechselbeziehung ein Bereich der Uneigennützigkeit: Was mein ist, ist dein; nimm ohne zu fragen, brauch' mich ...

Eine eingehendere Analyse der Vorgeschichten von Scheidungen (sie ist bislang kaum unternommen worden) könnte zeigen, dass der Bruch häufig von einem Gefühl der Ungleichheit bei den Ausgaben und Gewinnen herrührt, die einerseits materieller oder finanzieller Art sind, andererseits auf Symbolen oder Vergleichen des sozialen und kulturellen Prestiges beruhen und die von einem der beiden Partner oder auch von beiden in der fein abgestimmten Dynamik des ehelichen Miteinanders empfunden wird. Der Bruch wird häufig als etwas Schuldhaftes erlebt, das die „stillschweigend akzeptierten Normen der Solidarität" übertritt. Er wird als beängstigend erlebt, weil er oft bedeutet, dass auf die Verschmelzung nicht verzichtet wurde, woraus sich ein Wiederaufleben des Gefühls von Verlust oder Verlassen-Werden ergibt.

Immer häufiger kommt es heute zur Paarbildung, um glücklich zu sein. Etwas so Wichtiges wie das Glück überlässt man nicht einem anderen. Das Paar zielt darauf ab, bei diesem Erfolg wirtschaftlich, emotional und sexuell solidarisch zu sein. Eine verkorkste Ehe, dauernde Reibereien nehmen damit die Gestalt eines niemals verwundenen Misserfolgs an.

Diese überzogenen Erwartungen rühren von dem Gefühl her, dass es sich um einen der seltenen Bereiche handelt, in denen der Einzelne direkt Einfluss nimmt, in denen er meint, die unmittelbare Macht zu haben, etwas zu tun, das ihn beglückt. Da die Umgebung als etwas wenig Aufbauendes erfahren wird, erwartet man von der Paarbeziehung die Anerkennung der eigenen Einzigartigkeit. „Je weniger das soziale Umfeld fähig ist, Zufriedenheit zu erzeugen, desto mehr wird man von der Familie erwarten."

„Das Einzige, was in meinem Leben toll ist, das ist, wenn ich an Marie denke. Am Abend treffen wir uns;

dann beginnt das Leben. Ich denke den ganzen Tag daran. Wenn sie mich fallen ließe, wäre ich echt einsam. Da bliebe mir nichts übrig ..."

Tatsächlich beobachten wir bei zahlreichen Paaren eine Tendenz, die ich als *Vorzugsbeziehung* bezeichne und die wie folgt zu umreißen wäre:

> „Ich gebe dir unter den anderen eine Sonderstellung", „Du bist für mich der Wichtigste", oder auch „Du bist das Wesentliche".
> „Mit dir lebe ich das Wesentliche, das mir als lebensnotwendig erscheint, aber es gibt andere für mich, mit denen ich andere Dinge auf andere Weise erlebe."

Der andere ist wesentlich, wenn in jedem ausgesprochenen Wort, in jedem gemeinsamen Augenblick, in jedem Projekt das Wohl des anderen, seine Freude, sein Begreifen, seine Selbstachtung durch unseren eigenen Respekt eingeschlossen sind.

Diese Aussage wird selten in Taten umgesetzt, denn sie reaktiviert das grundlegende Unvollkommensein, jenen „unüberwindlichen Abgrund vor einer verwirklichten Einheit" und die schmerzlich erkannte Unfähigkeit, den anderen in allen Bereichen vollkommen zufrieden zu stellen. Und dennoch kann diese Tendenz, wird sie verinnerlicht, die Paarbeziehung anregen und beleben.

Gehen wir über die Dynamik der ausgepressten Zitrone hinaus:
„Du bist nur gut, wenn ich dich brauche."
„Wenn meine Angst verschwindet, fühle ich mich gut ... ohne dich."

Die schöpferische Beziehung

> *„Der Kontakt ist die Wertschätzung der Unterschiede."*
>
> F. Perls

Die schöpferische Beziehung ist in ihrem Bezug zu übrigen Beziehungen von Gilbert Rapaille in einem Buch gleichen Titels untersucht worden. Die schöpferische Beziehung zielt darauf ab, das Wachstum des einen und des anderen, des einen durch den anderen zu begünstigen; sie sollte eine optimale Entwicklung eines jeden gestatten.[26]

Sie setzt einige Bedingungen voraus:

- räumliche Unabhängigkeit (gemeinsamer Lebensbereich/reservierter Lebensbereich),
- finanzielle/wirtschaftliche Unabhängigkeit,
- kulturelle Unabhängigkeit,
- emotionale Unabhängigkeit,
- sexuelle Unabhängigkeit,

zu denen ich noch die politische Unabhängigkeit hinzufüge.

Es geht eher um ein gegenseitiges Anerkennen der jeweiligen Möglichkeiten als um eine „Unabhängigkeit" im engeren Sinne. Was zählt, ist oft nicht das, was man durchgesetzt hat, sondern das, was möglich ist.

---

[26] G. Rapaille: „Sie erlaubt uns, das Unausdrückbare in Bilder, Farben, Klänge zu übertragen. Sie stellt für uns den dauerhaften Kontakt mit der poetischen Dimension unseres Lebens dar. Sie ist die dauerhafte Quelle von Entdeckungen und Leidenschaften, von Forschen und Wundern. Sie erlaubt in uns die Verwirklichung der Möglichkeiten, über unsere kühnsten Hoffnungen hinauszugehen und in den anderen unvermutete Dimensionen zu entdecken. Sie mündet schließlich in ein persönliches und innerliches Glück und in eine Beziehungsqualität, deren Zugang uns unsere Kultur für alle Zeiten verschlossen zu haben schien."

Das Wichtige scheint zu sein, dass diese Tendenz bei einem Paar besteht und einen erneuten Austausch begründet, der zwar nicht sehr leicht ist, in seinen Anfängen vielleicht schmerzlich, aber möglich und reich an Anregungen und Entdeckungen.

Die Unabhängigkeit ergibt sich aus unserer eigenen Fähigkeit, dem Bedürfnis nach Alleinsein zu entsprechen, das jedem von uns innewohnt, nach Abstand in den Beziehungen durch die Abschwächung der Projektionen.

Sie wird auch etwas mit der Möglichkeit zu tun haben, neue Erfahrungen zu machen und zu teilen, sie gemeinsam zu genießen.

Dieser Begriff der Unabhängigkeit muss den emotionalen Abstand bezeichnen, der in allen infrage kommenden Bereichen besteht.

Räumliche Unabhängigkeit

Verfüge ich über einen Bereich, einen Ort, einen Zeitraum, der mir zu eigen ist und der vom anderen nicht betreten, erobert oder vergewaltigt wird? Es kann manchmal auch nur eine Schublade sein ... und ein einziger Abend in der Woche oder im Monat, egal ...

Finanzielle und wirtschaftliche Unabhängigkeit

Kann ich mein eigenes Auskommen sichern? Mir meine Bedürfnisse erfüllen, ohne mich schuldig zu fühlen oder jemandem etwas zu schulden? Habe ich eigene Einkünfte aus meiner Arbeit (vergleiche dazu die berechtigten Ansprüche der Frau auf Haushalts-, Mutterschafts- und Familiengehalt)?

Kulturelle Unabhängigkeit

Werden meine Herkunft, meine Kultur, meine Werte, meine Interessen vom anderen (und von mir selbst) anerkannt beziehungsweise gewürdigt?

Emotionale Unabhängigkeit

Habe ich das Recht auf Gefühle, Beziehungen, Gefühlsbindungen, ohne den anderen zu bedrohen und ohne mich deswegen schuldig zu fühlen?

Die emotionale Unabhängigkeit oder die wechselseitige emotionale Abhängigkeit wird mit der immer größeren Fähigkeit emotionaler Freiheit verbunden sein, mit dem „freien Austausch der Gefühle".

Ich kann es nicht vollkommen vermeiden, den anderen durch meine Ansprüche, meine Erwartungen, meine Gefühle zu verletzen, denn sie sind ja eben anders und nicht unbedingt mit seinen Ansprüchen, Erwartungen, Gefühlen verbunden.

> „Als Paul mir sagte: ‚Weißt du, vor drei Jahren habe ich eine Beziehung gehabt, von der ich dir nie erzählt habe', da habe ich nichts gehört außer den Schrei in mir:
> Nein, nicht mir!
> Ich habe geschrieen: ‚Du hast mich betrogen, du hast mich betrogen!' Alles brach zusammen; ich bestand nicht mehr – ich dachte nicht mehr,
> ich überlegte nicht mehr – ich schrie eine allerletzte Weigerung hinaus:
>
> NEIN, NEIN, NEIN!
>
> Und dann kam es in aller Stille:
> unser Paar, mein Paar.
> Wer bist du, mein Paar, seit vierzehn Jahren?
> Es kam ganz still, als ich bereit war, ruhig zu sein, zu erschöpft, um zu schreien.

Du warst mein ganzes Leben; ich habe dir alles gegeben.
Ich lebte nur durch dich, war deine Dienerin, deine Sklavin. Ich habe mich dir ganz hingegeben; ich bestand nur durch dich.
Ich habe meinen Körper geschlagen, abgetötet, durchgewalkt, entfraut ...
Außerhalb deiner durfte er nicht existieren.
Ach, mein Paar; ich habe dich geheiligt, beweihräuchert.
Nichts außer dir. Kein Blick, keine Geste, kein Mann, keine Frau außer dir. Du, immer nur du.
Dich zu betrügen wäre eine Entweihung gewesen, ich hätte mich selbst verleugnet ... unmöglich.
Ich schrie lange Zeit, warf den Kopf hin und her, verschloss mich dem Unzumutbaren.
Mein Märchenpaar, mein Maienblütenpaar.
Dann habe ich mit dir gesprochen, Paul,
mit meinem Märchenprinzen, einem wunderbaren Mann,
der sich dazu herabgelassen hatte, die Schlampe zu heiraten, die ich war,
ein außergewöhnlicher Mann, sehr schön, ohne Makel,
der ja auch keinen haben durfte,
duldsam ohne Grenzen, denn hätte er mich sonst genommen,
mich, das hässliche Entlein.
Der Mann in meinem Leben, mein Mann, für den ich lebte, atmete, spielte.
Mein Körper für dich, mein Schoß für dich,
nichts sonst, nichts.
Ja, ich war verrückt, vollkommen verrückt,
und du warst mein Gott.
Wenn du dich als Mensch zeigtest, mit deinen Fehlern, deinen Mängeln, deinem Zögern, dann stellte ich mich blind.
Ich verwandte eine riesige Energie darauf, dich wieder auf die Beine zu bringen,
dafür zu sorgen, dass dein angestammter Platz noch fester war,
der Platz eines Gottes.

Dafür forderte ich viel von dir:
Du hattest mir zu zeigen, dass du mich liebtest
ohne Fehl.
Du konntest mich einfach nicht betrügen.
Mein Märchenpaar ist tot.
Mein Maienblütenpaar ist nicht mehr.
Unser Paar, unser Neugeborenes ist da, scheu, zitternd.
Wird es leben? Wird es sterben?
Ich bin noch ganz erschlagen, verloren,
bin ganz allein,
er ist allein,
aber wir ..."

> *Die Untreue: Du betrügst mich nicht mit einem anderen; du betrügst mich mit dir selbst, indem du dir einredest, dass ich wichtig bleibe, wo doch alles in dir mich zunichte macht.*

Sexuelle Unabhängigkeit

> *Es gibt nährende Lieben, die uns die Nahrung geben, damit wir andere Liebesbeziehungen eingehen können, in denen wir selbst der Nährende sind.*

Hängt meine Lust, mein Verlangen nur vom anderen ab? Habe ich genügend Vertrauen zu meinen eigenen Ressourcen[27], um meine Lust (und meine sexuelle Sicherheit) nicht dem Austausch mit einem einzigen Partner anzuvertrauen?

---

[27] Die Lektüre des *Hite-Berichts über die weibliche Sexualität* scheint mir in dieser Hinsicht sehr aufschlussreich zu sein.

Politische Unabhängigkeit

Befinde ich mich in einem genügend mobilen Kräfteverhältnis, um mir ein echtes Spiel gegenseitiger Beeinflussung zu erlauben? Das sollte mich dazu bringen, dass ich zu entdecken versuche, worin meine Macht, mein Einfluss auf Andere besteht. Was ist meine verwundbare Stelle und meine Defensive gegenüber der Macht der anderen?

Der auf diesem Weg zur Unabhängigkeit zu zahlende Preis ist das Risiko der Eifersucht und einer zu großen Distanzierung.

> *Dieser stets erneute Schmerz, den man pflegt, indem man die Freude erfindet, die der andere daraus schöpft.*

Wir wissen, dass das Schlimmste bei der Eifersucht der Grad der Erniedrigung ist, zu dem sie uns herabwürdigt. Und wie weit steigt man nicht hinab, um zu versuchen, diesen unersättlichen Schmerz zu kennen (nicht zu verstehen) – zu kennen und zu nähren.

Die Distanzierung wird mit der Angst vor der Trennung verbunden sein.

Wir haben alle einen persönlichen Trennungsmythos. Die häufigsten Begriffe, Bilder, Assoziationen sind: Verlust, Verlassenwerden, Bruch, Zurückweisung, Herabsetzung.

Sich voneinander zu trennen kann heißen, dass man sich von seinen Ängsten trennt, von den stets projizierten „schlechten" Bildern, von als zu erdrückend empfundenen Wünschen. Die Begegnung kann paradoxerweise erst durch eine Trennung von alledem stattfinden.

Sich begegnen, um sich trennen zu können.
Ich akzeptiere es zu sterben, weil ich gut gelebt habe.
Ich akzeptiere es, dich zu verlieren, weil ich dich kennen gelernt habe.

Ich akzeptiere es, dich zu verlassen, weil ich dir begegnet bin.
Ich akzeptiere es, bei dir zu sein, weil ich mich gefunden habe.

> *Wir haben das Recht, geboren zu werden ... auch wenn wir Schmerzen verursachen.*

Und trotz allem, jenseits aller Suche, haben wir das Bedürfnis nach Abhängigkeit. Ich nenne sie, im Gegensatz zur imaginären Abhängigkeit zu Beginn der Beziehung, die selbst gewählte Abhängigkeit.

„Ich wähle dich; ich fühle mich gewählt."

Wir können das Wagnis, sehr nahe am anderen zu leben, nur auf uns nehmen, wenn wir auch für uns leben. Auch wenn ich Nähe verlange, wird sie erschreckend werden, das Band zu bedrohlich, wenn ich nicht die Möglichkeit habe, unabhängig und ich selbst zu sein. Ich kann jedoch nur dann wirklich anders und unabhängig sein, wenn ich mit genügend Wärme, Wertschätzung und Liebe rechnen kann, um mich mit dem anderen zu vereinen.

> *Sich vereinen, anstatt sich zu binden – das könnte das richtige Vorgehen sein.*

Je stärker ich mich fühle – das heißt je heiler – desto leichter wird es mir fallen, nah und intim zu sein.
Wir stehen damit vor dem folgenden Paradox: Je größer die Vertrautheit ist, in der ich mich aussprechen und mich als anders mitteilen kann, desto größer wird die Möglichkeit der Unabhängigkeit sein.

Wagen wir die Auseinandersetzung und gehen wir weiter als bis zum Schuldgefühl, wagen wir es zu verletzen, offener weh zu tun. Gehen wir über die Bilder hinaus, die

Fallen, die Spiele, das Schweigen und die Bestrafungen – um die Angst des anderen in die Arme zu nehmen, um einander zu umarmen, Körper an Körper, und einander weh zu tun, da, wo es schmerzt.

Jede dauerhafte Veränderung in den Problemen eines Paares gründet – aber welchen Weg sollen wir einschlagen, um diesen Beweis zu entdecken? – auf einer grundlegenden Veränderung in der Art und Weise, wie jeder sich zu sich selbst verhält (und nicht gegenüber dem anderen, wie wir gemeinhin meinen).

Das setzt voraus, dass ich fähig bin, meine Sicht von mir selbst zu verändern – indem ich aufhöre, mich zu disqualifizieren, zu verletzen, mir Verbote zu erteilen und mir Vorwürfe zu machen. Es setzt voraus, dass ich mir mehr Unabhängigkeit gewähre, mehr Mut zutraue, mehr Vertrauen zu meinen Gefühlen.

Gefangene sind wir nie von einem anderen, sondern stets von uns selbst.

Tatsächlich ist es oft die Frau, die als Erste die Möglichkeit eines besseren Lebens spürt, die die Gewissheit eines möglichen Weges jenseits der Not hat und die nun verzweifelt, stürmisch, manchmal ungerecht und ungeschickt diesen Weg sucht und beschreitet. Wenige Männer sind bereit, ein solches Unterfangen zu begleiten, sich daran zu beteiligen oder sich vorübergehend hintan gestellt zu sehen.

Verbesserungen in der Kommunikation

> *Wie viele alte Häuser sind nicht schon von begeisterten Paaren in Stand gesetzt worden, während es doch die Beziehung war, die schwankte und zerfiel.*

Eine Beziehung aufzubauen, das heißt über die Gefühle hinausgehend die verschiedenen Gefühle einander zu nähern und miteinander zu verbinden, heißt, dass man in einem noch zu schaffenden Bereich, in einer zu erfindenden Zeit den freien Fluss des Zuhörens herstellt. Die Gefühle wirken dabei manchmal als Kommunikationsparasiten.

Kann ich es akzeptieren, von mir, von meiner Empfindung, meinen Gefühlen zu sprechen (selbst wenn das Gefühlte ein Trug ist, so ist es doch wahr für mich)? Kann ich nicht etwas über den anderen aussagen und die Aussage des anderen über mich negieren? Ich kann genauso gut mit stets wachsender Klarheit hinsichtlich meiner Rolle im Austausch den Versuch machen, die Kommunikation zu verbessern.

Habe ich eine Defensivhaltung, die Bremsen und Blockieren hervorruft? Was ist es in mir, das durch die Aussage des anderen getroffen und verletzt ist? Was ist es, das sich abschließt, sich entzieht, flieht ...?"

Habe ich eine Einstellung von Offenheit (das bedeutet nicht gleich Akzeptanz), von Aufgeschlossenheit dem gegenüber, was der andere mir sagt, die den Austausch verstärken wird? Bin ich anregend?

Kann ich den anderen in seiner Wesenheit, seinen Einstellungen, seinen Aussagen empfangen? Das bedeutet nicht, das ich alles akzeptieren muss. Entgegennehmen und Akzeptanz können zwei Schritte in der Kommunikation sein, die zu verschiedenen Zeiten gemacht werden.

Meine Reaktionen von Frustration, Eifersucht, Gereiztheit, Mattigkeit bestehen; ich kann sie nicht verneinen oder sie unterdrücken, aber ich weiß, dass ich über sie hinausgehen, sie mit der Zeit abmildern kann.

Ich weiß, dass ich vermeiden kann, sie in den Vordergrund zu rücken, sie ständig ins Spiel zu bringen, sie dem anderen aufzuzwingen.

Bin ich mir der „Beziehungsverschmutzung"[28] bewusst, die auch von mir ausgeht, auch von mir ausgelöst wird?

---

[28] Der Begriff „Beziehungsverschmutzung" mag schockieren. Er bringt schlicht zum Ausdruck, dass jede Beziehung Energien verbraucht und Abfälle erzeugt ... Wir haben alle die Erfahrung von fehlgeschlagener Kommunikation gemacht, von regelrecht erschöpfenden Kämpfen, ja sogar von „Dolchstößen" in erregten Auseinandersetzungen.

Ich darf *wagen* zu verlangen, meine Forderung zu stellen, ohne deren unmittelbare Erfüllung zu fordern, und dabei eine Zurückweisung oder eine Zeit des Wartens in Kauf nehmen.

Ich darf wagen, mich mitzuteilen und das Risiko auf mich zu nehmen, dass ich den anderen nicht verpflichte, ihn nicht für meinen Schmerz verantwortlich mache, wenn es ihm nicht zusagt.

Tatsächlich spielt sich jede Forderung in einem Kräfteverhältnis zwischen Wunsch und Angst ab.

Ich brauche deinen liebevollen Blick auf mir.

Ich möchte, dass du dich dafür interessierst, was ich bin.

Ich möchte, dass du meine Angst begreifst, meine Widersprüche, und ich weiß, ich spüre, dass es umgekehrt auch für dich so sein kann.

Das Erlernen der Kommunikation bedeutet in gewissem Sinne auch das Erlernen des Genießens; es verpflichtet uns, uns von Zwängen und Ängsten zu befreien, die das Teilen mit dem anderen verhindern.

> *„Wie erstickt, wie gestottert der Dialog auch sein mag, birgt er doch das doppelte Zeichen des Gegebenen und des Empfangenen oder zumindest, wie ein Vorspiel, den doppelten Klang der Sehnsucht und der Inspiration der Seelen."*
>
> *Gaston Bachelard*

Die Freiheit der Gefühle wird erreicht durch die Freiheit des Wortes, wie schmerzlich diese auch sein mag. Die Herzensbande reichen nicht aus, zwei Menschen zusammenzuhalten ... das Mitteilen von Ängsten und Wünschen ist notwendig.

Wie viel weniger schmerzlich wäre es, könnten wir bestimmte Symptome (somatisierte Beschwerden, Unfälle, Wiederholungen) in Worte fassen. Der freie Fluss der Gefühle und der Sprache ist das Zeichen einer gesunden Beziehung.

Kann ich meine Gefühle voll ausleben, ohne diejenigen zu verletzen oder zu entfremden, auf die sich diese Gefühle richten beziehungsweise nicht richten?

Zu glauben, dass der Dialog sich von alleine „ergibt" heißt die ständigen Missverständnisse und subtilen Fallen zu übersehen.

Niemand kann sein Innerstes mitteilen, wenn der Gesprächspartner nicht durch sein Zuhören den Austausch auf den verschiedenen möglichen Ebenen der Botschaft unterstützt. Vor allem muss der Versuch unternommen werden, über die *Ebene der Tatsachen* (das Anekdotische – was ist geschehen?) auch auf die des *Empfundenen* (mein Empfinden, meine Gefühle) und des *Imaginären* (auf welche meiner Ängste, meiner Wünsche, meiner Fantasien verweist mich das zurück?) oder auch die des *Nachhalls* (wie klingt das in meiner Vergangenheit, in meiner Lebensgeschichte?) vorzudringen.

Jede dieser Ebenen ist eine Quelle von Verbindungen, ein Fluss möglichen Austauschs.

> „Ich beginne, besser zu verstehen, wer ich bin, indem
> ich mit dir spreche;
> du bist wie ein Zeuge."
> „Ich finde es schwer, mich selbst zu hören;
> ich brauche einen ‚Verstärker'. Dein Zuhören erlaubt
> mir, mich besser zu hören."

Ich will bereit sein für das Erstaunen,
bereit für die unvorhersehbare Gewissheit, dass
du mich morgen noch lieben wirst
noch einen Tag
nicht für immer
nur morgen
um noch einmal das Heute
zu füllen.

8. Lichtblicke für den weiteren Weg

*„Es wird immer ein Paar geben,
das dem entgegen bangt, für welchen von ihnen
dieser Morgen die erste Morgenröte sein wird."*
Aragon

> *„Ich verlange ungestüm alles, was ich bei dir verworfen habe, denn du hast mich alles, was mir fehlte, entdecken lassen."*

„Wo aber anfangen? Dinge, die zu sagen sind, herauszuschreien sind, zu wiederholen sind, um sie deinem Gehör einzuprägen, davon habe ich genug für Tage ohne Ende. Die geheimsten aber, die unter den Schichten des Schweigens und der Blindheit tief verborgenen, die auf dem tiefsten Grund der Verständnislosigkeit eingemauerten, die von der Angst völlig erdrückten, die dennoch stets kurz davor sind, in einem Schwall der Angst hervorzubrechen, sie sind nie ans Licht gekommen. Und gerade sie müssten hervorkommen, müssten Ausdruck finden, ohne dass es geschliffener, klar und logisch geordneter Worte bedürfte. Es geht um unser Leben ..."

Entfaltung der Gemeinsamkeit

Jeder von uns braucht Streicheleinheiten, das heißt spezielle Belohnungen in einem oder mehreren Bereichen.

Jeder von uns kann sich Folgendes fragen: Was braucht der andere? In welchen Bereichen? Und wie viel?

Dieser oder jener Wissenschaftler oder Forscher „begnügt" sich mit einem Kompliment pro Jahr – oder mit dem Nobelpreis nach dreißig Jahren stiller, leidenschaftlicher Arbeit.

Ein anderer – wie beispielsweise ich – wird täglich, ja sogar mehrmals täglich Komplimente brauchen, Anerkennung, Bestätigung.

Die Vertrautheit wird durch das echte Bemühen vertieft, den anderen ohne Demagogie und Manipulation wertzuschätzen und anzuerkennen.

Wir bauen uns auf, indem wir täglich die Lebenskräfte des Ich und ein positives Selbstbild nähren.

Die gelebte, offene Vertrautheit setzt natürlich das Überwinden des Trotzes, des Rückzugs, der Aggressivität voraus, wobei wir ja gesehen haben, wie sehr diese drei Faktoren mit der zunehmenden Belebung unseres Bewusstseins reaktiviert werden.

Vertrautheit bedeutet auch, in Kontakt zu bleiben, das heißt, wirklich da zu sein, wo man gerade ist, in dem, was man tut, ganz nah an dem, was man sagt. Sie bedeutet, ganz in einer Situation zu sein und nicht gespalten zwischen Vergangenheit und Zukunft.

Sie setzt auch eine Gleichheit voraus, die jedoch nichts mit Gleichmacherei zu tun hat. Es ist vielmehr die Gleichheit in der Gegenseitigkeit des Verlangens und Sagens; es ist die Gegenseitigkeit des gehörten Wortes. „Ich bitte dich, mir zuzuhören, auch wenn du nicht mit dem, was ich sage, einverstanden bist, ja vor allem, wenn du nicht einverstanden bist", „Es ist für mich wichtig, mich auszusprechen, meine Wünsche, meine Ängste, meine Wahnvorstellungen, meine Utopien. Das heißt nicht, dass ich eine Antwort verlange oder dass du darauf eingehst ... nimm meine Worte auf; sie sind es, die auch mich aufbauen."

Das gehört zu dem Vorgang der Suche nach *Echtheit und Wahrheit seiner selbst:*

„Allein meine Wahrheit macht mich dir gegenüber frei."

„Dieses Recht, das ich fordere, das ich mir (dir gegenüber) nehme, dass du nämlich meine Wahrheit aufnimmst, so wie sie in mir, in meinem Erleben, tastend nach Form sucht."
„Wenn ich über meine Angst, beurteilt/verurteilt zu werden, hinausgehen kann, über meine Furcht, für dich verletzend zu sein, bin ich es mir auch schuldig, über mein Schweigen, meine Zweifel hinauszugehen. Ich bin es mir schuldig, dass ich mir meine geheimsten Verwirrungen, Verzweiflungen eingestehe, von meiner Verletzlichkeit (die weder Schwäche noch Zerbrechlichkeit bedeutet) Zeugnis ablege, ohne dass du dich dadurch infrage gestellt oder für meinen Zustand verantwortlich fühlen musst.

> *Nur der Mensch, den wir lieben, dem wir nahe stehen, ist in der Lage, uns zu zerstören, zu ersticken, ja uns zu töten, indem er unsere Ängste vergrößert und nährt ... Er ist aber auch der Einzige, der uns ermöglichen kann, dass wir unsere in größter Tiefe verborgenen, vollkommen vergessenen Kräfte entdecken.*

Die Vertrautheit wird in einem Gefühl des Verständnisses enthalten sein, jenseits aller Worte, ohne dass es eine ausdrückliche Bitte geben müsste. Es sind diese unmittelbaren Gewissheiten, die einem gemeinsamen Einvernehmen entspringen.

Diese Bereitschaft ist eine Ouvertüre im musikalischen Sinne; sie eröffnet die darauf folgende Symphonie, alle künftigen Akkorde. Sie gründet in einer befreiten Akzeptanz des Unmuts.

Die Vertrautheit ist auch jenes Gefühl, vom anderen beauftragt beziehungsweise vertreten zu sein, gegenwärtig in ihm wie in jemand Gutem, Befriedigendem, Wünschenswertem.

Sie sagte zu ihm: „Du schmiedest viele Pläne mit mir, aber die sind doch alle hohl.
Du lässt mich wissen, dass du morgen Abend nicht da sein wirst, dass du am Freitag mit deinen Kollegen essen wirst und dass du nächste Woche ganz weit weg sein wirst. Aber ich brauche volle Pläne; ich brauche Pläne nicht ohne mich, sondern mit mir, in denen ich anwesend bin. Ich möchte mit dir eine konkrete unmittelbare Zukunft schaffen. Es ist auch dein erneuerter, auf Stand gebrachter, gegenwärtiger Wunsch, etwas mit mir zu erleben, den ich brauche. Ja, es ist Zeit, dass wir gemeinsam erfüllte Pläne machen."

> *Nicht die eigenen Schmerzen aufrechnen, sondern eher die Freuden inventarisieren, die Vergnügen, die Hochgefühle. Sie fließen lassen, sie aus den Nähten platzen lassen vor Einfallsreichtum.*

Entfaltung des Bewusstseins

> *Es geht nicht darum herauszufinden, was zu tun ist, sondern zu erkennen, wie man sich anders fühlen und schließlich anders sein kann.*

„Wenn du dich nicht von meiner Angst mitreißen lässt,

wenn du nicht auf meine Widersprüche eingehst oder mich darauf festnagelst,
wenn ich dir nach meinem „Ausrasten" zulächeln kann,
wenn ich im Provisorium, in der Ungewissheit leben kann, und dabei doch mit einem Gefühl unendlicher Sicherheit,
wenn ich deine Gefühle hören kann,

wenn ich dir sagen kann „ich fühle mich verletzt", ohne bei dir Schuldgefühle zu erwecken oder mir eine Zurückweisung einzuhandeln."

Eric Berne hat mir beigebracht, dass Bewusstsein die Fähigkeit ist, eine Kaffeekanne zu sehen und dabei die Vögel auf ihre eigene Art singen zu hören, und nicht auf die Weise, die uns gelehrt wurde.

Das beinhaltet, im Hier und Jetzt[29] zu existieren und nicht anderswo, in der Vergangenheit oder der Zukunft.

Bei einem Paar gehört dazu, dass man akzeptiert, den anderen so zu sehen, wie er ist (so wie er sich verbirgt oder verteidigt), dass man sich über die Gefühlsreaktionen, die sich in uns abspielen, uns manchmal übermannen, im Klaren ist. Dass man eine Spontaneität des Jetzt, des Gegenwärtigen entwickelt, indem man die Fähigkeit wiederfindet, selbst die Verantwortung für das eigene Glück (oder Unglück) auf sich zu nehmen. Dass man fähig ist, die eigenen Ängste und Wahnvorstellungen, das eigene Unwohlsein nicht auf den anderen zu projizieren, fähig, die eigenen echten Gefühle zu erkennen, und dass man aufhört, den Partner als Sündenbock zu benutzen.

Wenn es so viele Kräfte gibt, die uns am Auseinandergehen hindern, und so viele Gründe, zusammenzubleiben, dann oft deswegen, um sicher zu sein, dass es stets jemanden geben wird, auf den man die Schuld schieben und die Angst fokussieren kann.

Diese Wahrnehmung des anderen als „Bösewicht" scheint im Leben vieler Paare notwendig zu sein. Menschen, die einander hassen, unterwerfen einander einem schrecklichen

---

[29] Es scheint banal zu sein, das zu schreiben. Das „Jetzt", im Zusammenhang mit der Kommunikation, ist ein Augenblick ohne Dauer; es ist die Erfahrung unserer unmittelbarsten und unfasslichsten Wirklichkeit. Es ist der einzige Zeitpunkt, zu dem das kommt, was kommt, und wo sich verändert, was sich verändert. Es ist eine unendlich kurze Gegenwart, zwischen den Angelpunkten dieser beiden unendlichen Weiten, die sich in die beiden entgegengesetzten Richtungen erstrecken, die Vergangenheit und die Zukunft.

Leben, ohne sich trennen zu können – wie eine endlose Wüste, deren Ende man nie erreicht.

> *„Es wird eines Tages ein Mensch kommen, mit einem Gesicht, das so wahr ist, dass das Wirkliche ihm folgt."*
>
> Joë Bousquet

Entfaltung der Spontaneität

> *„Damit aber das Liebesglück fortdauert,*
> *muss wohl einer der beiden*
> *das große Spiel der Wahrheit beginnen*
> *und bis ins Innerste*
> *die alten Wurzeln des Hasses zerbrechen,*
> *die aus den nie geweinten Tränen entstehen."*
>
> Chanson von M. J. Marchat

Es ist nicht nötig, sich gewählt auszudrücken, um das Wichtigste oder das Wesentliche auszusprechen.

Spontaneität bedeutet Auswahl, die Freiheit, seine eigenen Gefühle zu wählen[30] und auszudrücken.

Es wird im Leben eines Paares beispielsweise wichtig sein, den gegenüber dem Partner angestauten Hass und die Wut auszudrücken.

„Ich hasse dich" bedeutet nicht: „Ich liebe dich nicht mehr."

Sondern: „Ich habe dir gegenüber nicht nur positive Gefühle."

---

[30] Vor allem die Wahl der eigenen Zwänge, was eine Kenntnis des zu zahlenden Preises und möglicher Alternativen voraussetzt.

Meine Spontaneität wird von meiner Fähigkeit abhängen, meine wirklichen Gefühle mitzuteilen, ihren Ursprung oder die sie verstärkenden Faktoren auszumachen und den Ausdruck der Gefühle des anderen zu akzeptieren.

Viele Paare beginnen, wie wir gesehen haben, mit der Illusion, dass der gewählte Partner die ideale Universalperson ist: Vater, Mutter, Kind, Freund, Liebhaber, Geschäftspartner, Therapeut. Dass er uns hilft, alle unsere Bedürfnisse, Gelüste, alle unerfüllten oder enttäuschten Erwartungen unseres vorherigen Lebens zu verwirklichen.

„Wir hoffen unter anderem, dass unser Partner uns helfen wird, die schwierige und niemals abgeschlossene Aufgabe zu erfüllen, erwachsen zu werden (oder für andere Kind zu bleiben)."

Wenn nach Ende dieses frommen Wahns die Trauerarbeit abgeschlossen ist, gilt es, ein neues Sprachsystem zu erfinden, in welchem wir:

- zum anderen von uns selbst sprechen, anstatt über den anderen zu sprechen, mit ihm über ihn zu sprechen,
- unseren Einwänden häufiger einen persönlichen Blickwinkel geben,
- unsere Gefühle, unsere Wahrnehmungen in direkter Weise vermitteln: „So empfinde ich es, so sehe ich es, so verstehe ich es",
- genau sagen, wie weit wir gekommen sind: „Ich bin jetzt hier angelangt",
- nicht zögern, auf das gemeinsame Erleben zurückzukommen, um die eigene Empfindung auszudrücken.

> *Wagen wir es, uns das vorzuschlagen, was gut für uns ist, und uns nicht auf das einzulassen, was der andere nicht will, wobei wir noch dazu auf etwas verzichten.*

Wie man Raum für Verhandlungen schafft

> *„Wir sind verantwortlich für das, was uns widerfährt*
> *– nicht für das, wovon wir wünschen,*
> *dass es uns widerfährt."*

Viele Arten des Austauschs enthalten (sollten enthalten) eine Möglichkeit der Verhandlung. Was ist meine Forderung, was ist mein Projekt, was ist meine Absicht und was ist mein Wunsch? Wie lauten die deinen?

Die Antwort „Tu, was du willst" ist eine böse Falle, die es nicht gestattet, meinen Wunsch vom deinen zu trennen, dein Verlangen, deine Absichten von meinen.

> „Am Sonntagnachmittag fragten wir uns bei einer Tasse Kaffee, was wir tun wollten: ‚Was würde dir Freude bereiten?' Ganz zu Beginn des Austauschs war es stets *das, was der andere wollte* ... so dass wir unausweichlich den Nachmittag und das Abendessen bei meiner Schwiegermutter zubrachten. So war das, wenn wir etwas ‚gemeinsam' entschieden."

Einen Abstand zu schaffen, einen Verhandlungsspielraum, in dem man einerseits die Gemeinsamkeiten, andererseits die Unterschiede erkennen kann, erlaubt eher die Diskussion und vor allem die Erkenntnis der unterschiedlichen Wünsche. Bevor man sich einigen kann, ist es nützlich, eine *Bilanz der unterschiedlichen Gesichtspunkte zu ziehen.*

Was ist das Vorhaben des anderen? Laden wir ihn ein, es auszusprechen und zu präzisieren.

Danach gilt es, das Gemeinsame in unseren jeweiligen Vorhaben zu finden: gemeinsam in Urlaub fahren, einander Freude bereiten, sich entspannen, etwas unternehmen ...

Sprechen wir die Unterschiede (was trennt uns?) im Zusammenhang von Gefühlen, Empfindungen, Bedürfnissen aus.

Mein Vorhaben kann an der Weigerung des anderen scheitern, das seine auszusprechen, und an seiner Reaktion, eher das meine zu unterdrücken, zu verändern oder auch ein Gegenvorhaben auszusprechen, das eher einer Defensivhaltung als einem Wunsch entspringt.

Was gewöhnlich geschieht, ist, dass jeder die Erzeugung dieses Raumes vermeiden wird, sei es, indem er versucht, den anderen in das eigene „Territorium" der Bezüge und Wünsche zu ziehen oder indem er etwas im Territorium des anderen demoliert, ihn verfolgt, ihn auf seinen Bereich festnagelt, den er als „nicht gut" abwertet.

„Wir könnten diesen Sommer nach Griechenland ans Meer fahren."
„Ach, das ist zu weit, und außerdem fahren wir schon seit drei Jahren ans Meer ..."

„Ich möchte wieder eine Arbeit aufnehmen; man hat mir eine Stelle angeboten ..."
„Du bist verrückt; das ist viel zu ermüdend. Du wirst dich ausbeuten lassen."

Zu keinem Zeitpunkt bringt der andere seinen eigenen Wunsch zur Sprache. Was will er angesichts des Vorschlags des Partners? Wer ist bedroht, erschüttert?

Er wollte das Fußballspiel im Fernsehen anschauen, wo sie doch so Lust hatte, mit ihm auszugehen. Aber sie bleibt zu Hause, um ihm eine Freude zu machen, *ohne ihren eigenen Wunsch auszudrücken.*
Für diese Preisgabe der eigenen Freude erwartet sie stillschweigend eine Gegenleistung. An einem der folgenden Abende will sie sich einen spannenden Fernsehfilm ansehen; er will ausgehen. Er spricht seinen Wunsch aus.

Sie verübelt es ihm, dass er nicht anbietet, zu Hause zu bleiben (wie sie es getan hat), um ihr „auch eine Freude zu machen".

Indem man anbietet, sich dem Wunsch des anderen anzuschließen, ohne den eigenen Wunsch auszusprechen, erlaubt man ihm nicht, wirklich eine Wahl zu treffen. Man belässt ihn in dem falschen Glauben, dass seine Wahl angenommen wurde.
Wenn einer Ja sagt, wozu und zu wem sagt er Ja?

> *Gemeinsam altern bedeutet nicht, dass man dem Leben Jahre hinzufügt, sondern dass man den Jahren Leben einflößt.*

Über Pseudoverhandlungen oder unausgesprochene Unstimmigkeiten hinausgehen

Sie wird zu ihm sagen: „Ich muss ins Kaufhaus, um einzukaufen. Kommst du mit?"
Er: „Ja, klar." Er geht nicht aus wirklichem Interesse mit oder aus einem Bedürfnis, sondern, um ihr Freude zu machen, und das, ohne seinen eigenen Wunsch auszudrücken, beispielsweise zu Hause im Warmen zu bleiben, zu basteln oder das Essen vorzubereiten.

Spricht man also seinen Wunsch nicht aus, lässt man den anderen in dem Glauben der Allmacht seiner Forderung.
Darin, dass man dem anderen einen Gefallen tut, steckt im Keim der ganze Groll, die eigene Forderung nicht ausgesprochen zu haben und allzu rasch auf die des anderen eingeschwenkt zu sein.
Daher die Wichtigkeit, dass jeder sein Vorhaben ausspricht, auch wenn man sich dann doch dem anderen anschließt.

„Er scheint mich jedes Mal zu bitten: ,Verlange etwas von mir'; und dann fühle ich mich immer schuldig, wenn ich es nicht tue."

Wir müssen es wagen, das auszudrücken, was uns Freude macht. Oft wird eher die eigene Freude verneint (vor allem wenn es um Freude geht, bei der der Partner nicht mit im Spiel ist), um dem anderen nicht zu missfallen.

> Sie ist von Freunden eingeladen worden, zehn Tage bei ihnen Urlaub zu machen, während er weiter arbeitet. Um dem Ehepartner nicht „weh zu tun", wird sie dieses Vorhaben herunterspielen oder es rational begründen, es quasi von sich ablösen. Denn sie befürchtet, dass es ihn schmerzt.
> Bei ihrer Rückkehr wird sie wahrscheinlich, auch wenn alles gut gegangen ist, die Bedeutung ihres Aufenthalts herunterspielen: „Na, wie war's?" „Naja, du weißt ja – ist immer etwas ermüdend ..."
> Sie weiß im Übrigen nicht, dass sie dadurch den anderen frustriert: „Mein Alleinsein war also für nichts ..."

„Du ertränkst mich mit deinen Angeboten, die eigentlich nur Forderungen sind."
Doppelte Botschaft: „Ich gebe dir deine Freiheit; nun nimm sie doch."

Vollkommene Kommunikation wird sich auf den verschiedenen Ebenen des Austauschs abspielen wie beispielsweise auf der der Tatsachen (das Geschehen), der Empfindung (was bringt das in mir hoch, was ruft es in mir wach?). Diese verschiedenen Ebenen werden im Verlauf des Austauschs mehr oder weniger belebt und sind der Gegenstand entweder der Verstärkung oder der Zensur bei demjenigen, der sich ausdrückt, oder dem, der versucht zuzuhören.

„Weißt du, ich habe jemanden im Zug kennen gelernt; er war ganz begeistert von dem Buch, das ich las, und wir

haben so zwei Stunden verplaudert. Er wohnt in Lyon ..."
Hier kann der Austausch auf ein anderes Thema abbiegen. Er kann auch durch den Zuhörer verstärkt werden, der bei dem Gesagten „mitschwingt" und versuchen wird, besser zu verstehen, was seine Partnerin bei diesem Erlebnis empfunden hat.

Sie ist sich selbst nicht im Klaren über ihr Erlebnis oder den intensiven Nachhall dieser Begegnung.

Miteinander kommunizieren wird erlauben, dem Möglichen des anderen gegenüber offen zu bleiben und gleichzeitig seine Geheimnisse zu respektieren.

> *Lernen wir, mit uns selbst zu sprechen, um endlich unsere eigenen Worte zu hören.*

Die Entfaltung einer ökologischen Beziehung

> *„Nimm nicht ständig das auf dich, was ich bin."*

Akzeptieren wir, dass der andere etwas anderes brauchen könnte als das, was wir für ihn für gut halten, um zu sein, um zu wachsen.

Und umgekehrt: Schenken wir ihm genügend Vertrauen, dass er selbst weiß, was für ihn gut ist ... auch wenn er sich zu täuschen scheint.

Und trotzdem liegt uns die Erfahrung damit in den Ohren, dass das schwer zu akzeptieren ist.

Wir wissen auch, dass die Liebe ein zartes Band ist.

Eine ökologische Beziehung zu entwickeln, das heißt auch, dass ich meine Bedürfnisse in die eigene Hand nehme, meine Wünsche, meine Entscheidungen. Was mir widerfährt, was ich erlebe, was ich fühle hat irgendwie etwas mit meiner Verantwortung zu tun.

Verantwortlich mache ich mich durch das ICH. „Dieser Abend war echt langweilig ..." oder „Meine Hand streckt sich nach ihr aus" wird zu: „Ich habe mich gelangweilt" und „Ich strecke meine Hand nach ihr aus".

Wenn ich dem anderen meine Misserfolge, meine Unzufriedenheit, meine Machtlosigkeit zuschiebe, nehme ich ihm seine Vitalität.

> *„Ich gebe mich dir hin, aber dieses Geschenk meiner Person verwandelt sich unerklärlich, oh Wunder, in ein Geschenk von Scheiße."*
> J. Lacan

Jede Beziehung, einfach deswegen, weil sie lebendig ist, erzeugt ihre eigene Umweltverschmutzung, Überreste, Asche. Das Entfernen von Schmutz, Belüftung, der umweltfreundliche Humus des Humors werden nötig sein, um sie wieder zu beleben. Hier ist die Erzählung von einem „Beziehungshausputz": „Aber jetzt endlich fangen wir an, klar zu sehen. Es bedurfte eines denkwürdigen Abends, an dem wir uns geprügelt haben (meinem Geschmack nach nicht genug), um die Schwäre aufzuschneiden, um uns die schlimmsten Dinge an den Kopf zu werfen und schließlich einzusehen, dass doch keiner ohne den anderen leben konnte – wobei aber jeder den Preis nannte, den er bereit war zu zahlen. Im Grunde war er für keinen sehr hoch, und es ist jetzt angenehm, zusammenzuleben, ohne ständig die Gespenster unserer Vorwürfe und Frustrationen aus dem Schrank zu holen.

Ich weiß jetzt besser, was gut für mich ist, was ich hinnehmen kann und wie weit ich mit meinen Forderungen und meinen Weigerungen gehen kann. Wenn du wüsstest, wie gut es ist und wie „entschuldigend", alles loslassen zu können, das ganze schreckliche Gepäck, das wir tragen, alle die kleinen Kleinlichkeiten, so maßlos, so ungerecht. Alles, was der andere nicht sehen, hören, annehmen konnte. Und die Wut vor allem, ach! Die Ausbrüche, welche Lust! Mein Gefühl, als ich spürte, dass diese Wut ihn nicht zerstörte, dass er dablieb, aufrecht, lebendig und ganz nah, erstaunt, sprachlos, aber liebevoll. Welche Erleichterung, dem anderen weh tun zu können, ohne ihn zu verlieren.

Das klingt alles schrecklich und etwas verrückt, aber warum haben wir es nicht früher entdeckt? Sicher aus Angst, auch aus Feigheit ..."

Wenn das nicht stattfindet, geschieht alles so, als gäbe einem die Bindung das Recht, bedingungslos verstanden zu werden, in all seinen Ausdrucksweisen akzeptiert, einschließlich derer, die im wahrsten Sinne des Wortes Gift sind.

„Wenn es nicht gut geht, wende ich mich an dich."
Kann ich die Verschmutzung durch den anderen zurückweisen? „Ja, jedes Mal, wenn ich das Gefühl habe, dass er mir seine Entscheidung aufzwingt."

Ich muss wissen, dass ich mit bestimmten Worten, bestimmten Themen in meinen Beziehungen (ungewollt) dem anderen Vitamine verabreiche oder auch Gift. Welche Lebensgemeinschaft, welches Ökosystem habe ich mit der Person geschaffen, die mit mir ein Paar bildet?

„Komm in mein Spiel herein!"
„Komm nicht herein!"

Etwas anderes zu geben als das, was verlangt wird, bedeutet manchmal auch die Fülle der Unterschiede, den möglichen Segen eines Paares. Den Rahmen des anderen zu verlassen bedeutet, dass man sich nicht um jeden Preis auf sein Spiel einlässt. Das ist verwirrend, heilsam und lebendig, ist ein Faktor der Veränderung.

> *„Die Wege, die nicht schon das Bestimmungsland*
> *versprechen, sind die geliebten Wege."*
> *René Char*

„Ich brauche dein Verständnis ... auch wenn ich ungerecht zu dir bin."

„Tu mir nicht weh, auch wenn ich dir Schmerzen bereite, denn ich stecke tief in meinen Widersprüchen."

Die Entwicklung einer ökologischen Beziehung beinhaltet auch, dass man eine gute Distanz sucht und findet, das heißt, dass man sowohl den Raum, die Distanz, die Zeit und den Rhythmus findet, die jenseits der Begegnung erlauben, sich in der Wechselbeziehung des Wachstums zu finden, zu erkennen und zu respektieren. „Er sagte zu mir: ,Du weißt immer alles', und das sollte heißen: ,Du musst alles verstehen'. Was ihm dann erlaubte, mir alles zu sagen – das Schmutzige, das Schwere, das Mühselige ... Er hat alles bei mir abgeladen wie auf einem Müllabladeplatz; ich war wie erstickt."

Die richtige Distanz wird vor allem eine Suche sein – die gegenseitige Anziehung nährt sich von Nähe und von Distanz, um Kenntnis zu werden. Es ist wie ein gemeinsames neu Geborenwerden.

Nehmen wir ein Beispiel aus dem völkerkundlichen Bereich: Es kommt vor, dass Eingeborene durch die Zufälle des Nomadenlebens oder durch Katastrophen unbeabsichtigt aufeinander stoßen. Das geschah auch bei den Mandan-Indianern in Nordamerika. Eine Gruppe von Indianern aus dem Nachbarstamm gesellte sich zu ihnen und lernte von ihnen, wie man Mais anbaut. Bald darauf aber bedeuteten ihnen die Mandan, dass sie wieder gehen sollten, und ihre Ältesten wiederholen noch heute, was ihnen in dieser lange zurückliegenden Zeit gesagt wurde:

„Es wäre besser, wenn ihr über den Fluss geht und euch dort euer eigenes Dorf baut, denn unsere Gebräuche sind von den euren zu verschieden. Da sie einander nicht kennen, könnten die jungen Leute Zwistigkeiten haben, und es gäbe Krieg. Geht nicht zu weit weg, denn die Völker, die weit weg leben, sind wie Fremde, und es kann zwischen ihnen und uns zum Krieg kommen. Macht euch nach Norden auf, bis ihr den Rauch von unseren Feuern nicht mehr sehen könnt, und baut da euer Dorf. Auf diese Weise werden wir nah genug sein, um Freunde zu bleiben, und nicht so weit, dass wir Feinde werden."

Die Mandan hatten eine bestimmte Vorstellung von der richtigen Distanz. Sie erscheint in allen Mythen, wo immer das Schicksal ein zufälliges Zusammenkommen inszeniert. Sie erscheint in den Geschichten von Inzest und allzu leidenschaftlicher Liebe und auch auf den Wegen von Paaren, die am Leben bleiben wollen.

Die richtige Distanz wird es erlauben, im Wir den Unterschied zwischen Du und Ich zu wahren.

Der Verzicht auf die Allgewalt

> *„Die Liebe heute wäre ein Verzicht auf eine Macht,*
> *die der eine auf den anderen ausüben könnte.*
> *Diese Macht könnte wirtschaftlicher Art, kultureller,*
> *körperlicher, moralischer Art sein, oder könnte sogar, warum nicht, schlicht und einfach auf Charme*
> *gegründet sein. Ich liebe dich; also verzichte ich auf*
> *die Macht, die ich habe, wenn ich dich ansehe."*
> L. Comencini

Es ist schwer, genau das nicht zu haben, was der andere als Liebesbeweis von uns verlangt.

Das muss man akzeptieren: Ich bin nicht, habe nicht das, was du von mir willst. Wirst du mir deswegen den Laufpass geben?

Man muss über seinen Mangel hinwegsehen, das heißt akzeptieren, dass man nicht hat/nicht ist, was der andere so dringend und so beharrlich von uns will.

Man muss sagen können: „Das bin ich nicht", „Das habe ich nicht". Dieses Vorgehen ist die Abkehr von der Versuchung der Allgewalt, dem Wunsch, den Mangel des anderen um jeden Preis durch die eigenen Mängel auszugleichen.

Zerreißen wir also das Band des Mangels, dieses starke Band, das uns in den tiefsten Gründen unserer Angst und unserer Schuld verbindet.

Verzichten wir darauf, den anderen zu verändern. Weigern wir uns, von ihm verändert zu werden. Ich kann meinen Partner nicht verändern, aber ich kann die Einsätze in meiner Beziehung ändern (indem ich insbesondere akzeptiere, gewisse sekundäre Vorteile zu verlieren, die mit meinem oder seinem Schmerz verbunden sind).

Verzichten wir auch in unserer Paarbeziehung auf die Illusion der Wahrheit. Das ist eine schwierige, schmerzliche, erschreckende Arbeit, die streckenweise durch die Wüste führt. Aber was für ein erstaunlicher Weg! „Ich kämpfe gegen meine Widersprüche an und du gegen die deinen. Unsere Begegnung bleibt möglich, wenn wir Vertrauen zu unseren Quellen haben."

Verzichten wir darauf, alles zu wissen. Akzeptieren wir im anderen die Bereiche seiner Geheimnisse, seine Strände aus Stille, seine Begeisterung ... Nehmen wir ihn an wegen all dessen, was er nicht ist.

> *Ich möchte eine Beziehung der Freude, nicht der Bindung.*

Zum Abschluss dieses Überblicks über das Neugeborenwerden als Paar würde ich sagen: „Es kann gar nicht sein, dass gar keine Kommunikation stattfindet."

Die Kommunikation zwischen zwei Menschen ist der Versuch, einen Kreislauf von Austausch und Transaktion (Geben/Empfangen) in Gang zu halten, der für die menschliche Existenz absolut notwendig ist.

Im Leben eines Paares ist dieser Kreislauf bisweilen schmerzlich, stets bewegt, oft begeisternd.

> Kommunikation hat etwas Ozeanisches
> in ihrer Ebbe und Flut
> im Sich-Öffnen und Sich-Schließen
> im Sprechen und Schweigen
> im Voranschreiten, im Zurückweichen
> in den Umarmungen, in den Trennungen.

Und wenn diese Kreisläufe ihren Platz in einer Paarbeziehung finden, in Abwesenheit und Gegenwart, dann entsteht eine neue Einheit.

„Es ist leichter, auf eine Sache zu verzichten,
die man gerne hat, als etwas zu ertragen,
das man nicht mag."

Anonym

Als Gott in Buch 1 der Schöpfung Adam auffordert, die Tiere zu benennen, der Schöpfung einen Namen zu geben, besinnt er sich auch, dass es nicht gut ist, ihn alleine benennen und entscheiden und so die Labyrinthe des Wortes erschaffen zu lassen. Dass er jemanden braucht, der ihm hilft, der seine Geschicklichkeit vergrößert, der ihn „letztendlich sogar vor sich selbst rettet".[31] Er gibt ihm eine Gefährtin.

---

[31] Eliane Amado-Levy-Valensi: *Les voies et les pieges de la psychanalyse*, Ed. Universitaire, 1970.

Der Name Eva entstammt der hebräischen Sprache und bedeutet „sagen, erhellen, vermitteln". Eva ist so vor allem Gesprächspartnerin (Verführerin auch, Initiatorin einer radikalen Veränderung für den Mann, indem sie wagt, die Frucht der Erkenntnis zu kosten und ihn einzuladen, die vor ihm aufgestellte Ordnung infrage zu stellen).

Mein Buch ist aus dieser Perspektive geschrieben worden, „erhellt" von all denen, die während mehr oder weniger langer Beziehungen meine Begleiterinnen und Fragestellerinnen waren.

Für mich ist die Frau im Wesentlichen das andere schlechthin: jemand, der uns zwingt, aus geschlossenen Glaubenssystemen, aus allzu gewissen Gewissheiten, aus unwiderruflichen Schlüssen auszubrechen.

Der andere: derjenige, der wahrscheinlich, ob gewollt oder ungewollt, das Undenkbare erwecken kann, indem er sich daran erinnert, dass Wunde und Wunder auch ein Paar sind.

> *„Belagern wir die Hoffnung,*
> *begreifen wir das, was wir lieben,*
> *das Nein unter den Ja*
> *das Ja unter den Nein."*
> *Andrée Chedid*

Nachwort

*„Bei einem Paar kann es sein, dass
das Wichtige nicht ist,
dass man den anderen glücklich macht,
sondern dass man sich glücklich macht
und das Glück dem anderen schenkt."*

(Meine Großmutter)

Gesang an Elsa

Tägliche Büsche, an denen wir uns kratzten
Das Leben wird vorbeigegangen sein wie ein Ohrwurm
Niemals gesättigt durch diese Augen, die mich hungrig machen
Mein Himmel, meine Verzweiflung, meine Frau
Dreizehn Jahre lang werde ich dein singendes Schweigen belauscht haben
So wie die Muschel das Meer wiedergibt
Du berauschtest mein Herz dreizehn Jahre, dreizehn Winter, dreizehn Sommer lang
Ich werde dreizehn Jahre lang auf der Schwelle von Hirngespinsten gezittert haben
Dreizehn Jahre unter bittersüßer Angst
Und dreizehn Jahre beschworen von erfundenen Gefahren.
Oh, meine Liebste, die Zeit ist uns nicht gewachsen
Tausend und eine Nacht sind wenig für Liebende
Dreizehn Jahre sind wie ein Tag, und es ist ein Strohfeuer
Das zu unseren Füßen Knoten um Knoten
Den Zauberteppich unserer Einsamkeit verbrennt

Louis Aragon

> *Das Wichtigste ist, alles zu sagen,*
> *und mir mangelt es an Worten.*
> *Paul Eluard*

Ich möchte ihr danken,
die mir mit ihrem Zuhören
ihrer Zärtlichkeit
und vor allem ihrer Geduld
erlaubt hat, über die möglichen
Missverständnisse hinauszugehen
und die mir erlaubt hat,
die Hoffnung zu bewahren
auf ein offenes Leben zu zweit,
um daraus
ein vielfaches Paar zu machen
mit ihr oder
ohne sie.

Literaturverzeichnis

Alberoni, Francesco: *Liebe. Das höchste der Gefühle.*
Heyne, 1996.

Amado-Levy-Valensi, Eliane: *Les voies et les pièges de la psychanalyse.* Ed. Universitaire, 1970.

Barthes, Roland: *Fragmente einer Sprache der Liebe.* Suhrkamp Verlag, 1988.

Berne, Eric: *Was sagen Sie, nachdem Sie Guten Tag gesagt haben?* Fischer-TB-Verlag, 2001.

Berne, Eric: *Spielarten und Spielregeln der Liebe. Psychologische Analyse der Partnerbeziehung.* Rowohlt, 1974.

Boszormeny-Nagy, Ivan: *Unsichtbare Bindungen. Die Dynamik familiärer Systeme.* Klett-Cotta, 1995.

Chappaz, Maurice: *Die hohe Zeit des Frühlings/ Testament der oberen Rhône/ Gesang von der Grande Dixence.* Ullstein-TB-Verlag, 1998.

Chappaz, Maurice: *Das Buch der C.* Mehrere Zeichn. v.Baumann, Ruedi. Im Waldgut, 1993.

Cohen, Albert: *Die Schöne des Herrn.* Klett-Cotta, 1987.

Cohen, Albert: *Das Buch meiner Mutter.* Klett-Cotta, 1984.

Dr. Lemoine, Jean: *Les thérapies de couple.*

French, Marilyn: *Frauen. Roman.* Rowohlt, 1982.

Olivier, Christiane: *Die Söhne des Orest. Ein Plädoyer für Väter.* DTV, 1997.

Rapaille, Gilbert: *Die schöpferische Beziehung.* o. A.

Roy, Claude: *Le verbe aimer.* Gallimard.

Stichwortverzeichnis

A
Abhängigkeit, imaginäre 19
Anerkennung, Kampf um 137
Austauschs, Blockierung des 81

B
Beziehung(en)
- Aufbau einer 197
-, freie 89
- Fehlfunktion der 145
-, langfristige 135
Beziehungsdynamik 27, 161
Botschaften 82
-, doppelte 116, 124
-, implizite 87

D
Dialog(s)
-, echter 38
-, erstarrter 68
- Verweigerung des 65
Distanz, richtige 215

E
Echtheit, Wunsch nach 16
Einflüsse, gegenseitige 182
Elternbilder, Macht der 119
Entladungsmechanismus 18
Enttäuschungen, Überwindung der 15
Erfülltheit, Wunschbild der 34
Erwartungen
-, gegenseitige 35
-, überzogene 187

F
Fehleinschätzungen, gegenseitige 14
Fehlentscheidungen 73
Fehlinterpretationen 49
Finanzen 53
Frage-Antwort-Modell 85
Frustrationsprozess 147

G
Gefühle, Freiheit der 199
Gespräche, klärende 108

H
Herabwürdigung, eigene 75

I
Identitätskrise 24
Impulse, unbewusste 20

K
Kommunikation(s-)
-entwurf 90
- Erlernen der 198
- Frustration in der 35
- uneingeschränkte 49
-, vollkommene 211
Konsequenzen, sexuelle 165
Körpersprache 46
Kräfte, Gleichgewicht der 18

L
Leben(s/s-)
- Idealisierung des 33
-rhythmen 98
-weise, kulturell bedingte 17

M
Machtkampf 136
Misserfolgs, Paradox des 114
Missverständnisse 72, 153

Miteinander-geboren-Werden 181
Motivationen, fundamentale 173

N
Nicht-Engagement 128
Nicht-Verstehen, gegenseitiges 100

O
Objektbezug, befriedigender 173

P
Paar-
-beziehung, traditionelle 119
-lebens, Neugestaltung des 25

R
Reaktionen, psychosomatische 23
Realität, objektive 104
Reifungsfaktoren 24
Rückspielsucht 120

S
Scheidung 55
Schuld(-)
-, existenzielle 158
-gefühle 165

Sehnen, unerfüllbares 13
Signale, entgegengesetzte 15
Streitigkeiten 53

T
Tendenzen, narzisstische 22
Teufelskreise 73
Treue 54

U
Überlegenheitsposition 142

V
Veränderung
- Faktor der 214
- Wagnis der 66
- Wunsch nach 72
Verliebtseins, Spielarten des 17
Vertragsdauer 52
Vertrautheit 202ff.

W
Wahnvorstellungen 27
Wahrheit, Illusion der 217
Wiederholungsverhalten, irrationales 165